《国学经典藏书》丛书编委会

国学经典藏书

六韬

原 昊 译注

吉林大学出版社
长春

图书在版编目（CIP）数据

六韬 / 原昊译注 . — 长春 : 吉林大学出版社 , 2021.6
（国学经典藏书）
ISBN 978-7-5692-8557-4

Ⅰ . ①六… Ⅱ . ①原… Ⅲ . ①兵法 – 中国 – 西周时代 ②《六韬》– 译文③《六韬》– 注释 Ⅳ . ① E892.24

中国版本图书馆 CIP 数据核字（2021）第 142562 号

国学经典藏书：六韬
GUOXUE JINGDIAN CANGSHU: LIUTAO

作　　者：原　昊 译注
策划编辑：魏丹丹
责任编辑：高珊珊
责任校对：蔡玉奎
装帧设计：蒋宏工作室
开　　本：880mm × 1230mm　1/32
字　　数：150 千字
印　　张：7.25
版　　次：2021 年 6 月第 1 版
印　　次：2023 年 7 月第 2 次印刷

出版发行：吉林大学出版社
地　　址：长春市人民大街 4059 号（130021）
0431-89580028/29/21
http://www.jlup.com.cn
E-mail:jdcbs@jlu.edu.cn
印　　刷：河北松源印刷有限公司

ISBN 978-7-5692-8557-4　　定价：32.00 元

编者的话

经典是人类知识体系的根基,是人类的精神家园,是我们走向未来的起点。莎士比亚说过:“生活里没有书籍,就好像没有阳光;智慧里没有书籍,就好像鸟儿没有翅膀。”21世纪中国国民的阅读生活中最迫切的事情是什么?我们的回答是阅读经典!

中国有数千年一脉相传、光辉灿烂的文化,并长期处于世界文化发展的前列,尤其是在近代以前,曾长期引领亚洲乃至世界文化的发展方向。长期超稳定的社会发展形态和以小农生产为基础的、悠闲的宗法农业社会,塑造了中华民族注重实际、过分地偏重经验、重视历史的文化心理特征。从殷商时代的“古训是式”(《诗经·大雅·烝民》),到孔子的“述而不作,信而好古”(《论语·述而》),可以清楚地看出这种文化心理不断强化的轨迹。于是,历史就被赋予了神圣的光环,它既是人们获得知识的源泉,也是人们价值标准的出处。它不再是僵死的、过去的东西,而是生动活泼、富有生命力,并对现世仍有巨大指导作用的事实。因而就形成了这样一种固定的文化思维方式,也就是“以铜为鉴,可正衣冠;以古为鉴,可知兴替;以人为鉴,可明得失”(《新唐书·魏徵传》)。中国的文化人世代相承,均从历史中寻求真理,寻求“修身、齐家、治国、平天下”的崇高理想模式。

这种对于历史所怀有的深沉强烈的认同感,正是历史典籍赖以发展、繁荣的文化心理基础。历史上最初给历史典籍的研究和整理工作涂上政治、道德和伦理色彩的是春秋时期的孔子。当时的孔子因感"周室微而礼乐废、《诗》《书》缺",于是乃删订了《诗》《书》《礼》《乐》《易》《春秋》等"六经"(见《史记·孔子世家》),寄托了自己在政治上"复礼"和道德上"归仁"的最高理想。孔子以后,历史典籍的编撰无不遵循着这一最高原则。所以《隋书·经籍志》总序中就说:"夫经籍也者,机神之妙旨,圣哲之能事。所以经天地,纬阴阳,正纲纪,弘道德,显仁足以利物,藏用足以独善……其王者之所以树风声,流显号,美教化,移风俗,何莫由乎斯道?……其教有适,其用无穷,实仁义之陶钧,诚道德之橐籥也。……夫仁义礼智,所以治国也;方技数术,所以治身也。诸子为经籍之鼓吹,文章乃政化之黼黻,皆为治国之具也。"(《隋书·经籍志一》)由此可见,历史典籍的编撰整理工作,已不仅仅是文化技术问题,更重要的是它还负有"正纲纪,弘道德"的政治和道德使命。于是,在两千多年的历史发展过程中,先人们为我们留下了汗牛充栋的文化典籍。这些宝贵的精神财富,不仅是我们中华民族的骄傲,也是全人类的骄傲,并已成为世界文化宝藏的重要组成部分。

中国的先哲们一向对古代典籍充满崇敬之情,他们认为,先王之道、历史经验、人伦道德以及治国安邦之术、读书治学之法等等,都蕴藏于典籍之中。文献典籍是先王之道、历史经验、人伦道德等赖以传递后世的重要手段。离开书籍,后人将无法从前朝吸取历史经验,无法传承先王之道。在日新月异的当代,如何对待这份优秀的文化遗产?毛泽东同志早就指出:"中国的长期封建社会中,创造了灿烂的古代文化。清理古代文化的发展过程,剔除其封建性的糟粕,吸取其民主性的精华,是发展民族新文化、提高民族自信心的必要条件。……中国现时的新文化也是从古代的旧文化发展而来,因此,我们必须尊重自己的历史,决不能割断历史。但是,这种尊重是给历史以一定的科学地位,是尊重历史的辩证法的发展,而不是颂古非今。"(毛泽东《新民主主义论》)古代典籍,不仅对中华民族的形成与发展历史地发挥了巨大的凝聚力作用,而且在当今中华民族伟大复兴中,依然会发挥无可替代的重要作用。

在科学技术迅猛发展的当代社会,人们的生活、观念正在发生着巨大而深刻的变革,面对蓬勃发展的现代科技和汹涌而至的各种思潮,人们依然能深切地感受到中国传统文化无所不在的巨大力量。人们渴望了解这种无形的力量源泉,于是绚丽多姿的中华典籍就成了人们首要的选择。它能够使我们在精神上成为坚强、忠诚和有理智的人,成为能够真正爱人类、尊重人类劳动、衷心地欣赏人类的伟大劳动所产生的美好果实的人。所以,在今天,我们要阅读经典;当数字化、网络化带来的"信息爆炸"占领人们的头脑、占用人们的时间时,我们要阅读经典;当中华民族迈向和平崛起和民族复兴的伟大征程时,我们更要阅读经典。因此,读经典,这个我们习以为常的平凡过程,实际上就成了人的心灵和上下古今一切民族的伟大智慧相结合的过程。但由于时代的变迁,这些经典对现代人来说已是谜一样的存在。为继承这份优秀的文化遗产,帮助人们更好地利用这些经典,在全国学术界诸多专家学者的支持下,我们策划了这套"国学经典藏书"丛书。

丛书以弘扬传统、推陈出新、汇聚英华为宗旨,以具有中等以上文化程度的广大读者为对象,从我国古代经、史、子、集四部典籍中精选50种，以全注全译或节选的形式结集出版。在书目的选择上，重点选取我国古代哲学、历史、地理、文学、科技、教育、生活等领域历经岁月洗礼、汇聚人类最重要的精神创造和知识积累的不朽之作。既注重选取历史上脍炙人口、深入人心的经典名著，又注重其适应现代社会的人文价值趋向。丛书不仅精校原文，而且从前言、题解，到注释、译文，均在吸收历代学者研究成果的基础上精心编撰。在注重学术性标准的基础上，尽量做到通俗易懂。我们相信，本丛书的出版，对提高人们的古代典籍认知水平，阅读和利用中华传统经典，传播中华优秀文化，提高人们的民族自信心和文化自豪感，进而为中华民族伟大复兴做贡献，均将起到应有的作用。高尔基说："书籍是人类进步的阶梯。""要热爱读书，它会使你的生活轻松，它会友爱地帮助你了解纷繁复杂的思想、感情和事件；它会教导你尊重别人和你自己；它以热爱世界、热爱人类的情感，来鼓舞智慧和心灵。""当书本给我讲到闻所未闻、见所未见的人物、感情、思想和态度时，似乎是每一本书都在我面前打开一扇窗户，并让我看到一个不可思议的新世界。""每一本书是一级小阶梯，我每爬一级，就……更接近美好生活的观念，更热爱这书"（《高尔基论青年》，中国青年出版社1956年版）。流传千年的文化经典，让我们受益匪浅，使我们懂得更多。正如德国著名作家歌德所说："读一本好书，就是和一位品德高尚的人谈话。"的确，读一本好书，就像是结交了一位良师益友。我们真诚希望，这套经典丛书能够真正进入您的生活，成为人人应读、必读和常读的名著。

陈　虎

庚子岁孟秋

前　言

《六韬》是我国古代著名兵书，自成书后便影响较大，加之该书在宋代与《孙子兵法》《吴子》《司马法》《尉缭子》《三略》《李卫公问对》共同组成了兵学名著丛书《武经七书》，更加名声大振，为后世重视，并产生了深远影响。此处，我们从《六韬》的作者、成书、思想内容及版本等方面，对该书进行概览。

一、《六韬》的作者

《六韬》相传为太公吕望所撰。太公是对老年人的尊称，《六韬》中出现的"太公"均为吕望。太公吕望，姜姓，吕氏，名望，又名牙，字尚，被尊称太公，周武王尊其为师尚父。在先秦两汉典籍中经常出现吕望之名，如《尚书》中的"师尚父""吕望"，《诗经》中的"师尚父""太公"，《左传》《国语》等书中的"吕望""吕尚""太公"，《尉缭子》《淮南子》等书中的"太公望"。西汉司马迁所著《史记·齐太公世家》开篇便记述吕望的情况：

太公望吕尚者，东海上人。其先祖尝为四岳，佐禹平水土甚有功。虞夏之际封于吕，或封于申，姓姜氏。夏商之时，申、吕或封枝庶子孙，或为庶人，尚其后苗裔也。本姓姜氏，从其封姓，故曰吕尚。

从太史公司马迁的记述中,我们可以大体了解吕尚的情况,后世也多沿袭《史记》的说法。

中国古代的姓名较为复杂,主要包括姓、氏、名、字和号。太公姓姜,所以后世径直称其为"姜太公"的情况比比皆是,但严格上说,这是一种误称。先秦时期,男子称氏,以示区别其尊卑贵贱,而女子才称姓,用以别其婚姻,目的是尽量避免同姓成婚的情况。吕尚是姜姓后裔,但因其为男子,故应称氏,而不应称姓,所以原则上来说,不宜称其为姜太公或姜尚。吕尚的氏是"吕",该氏的起源是以地名作为氏,所以我们最为规范的称呼,可以称吕尚、吕牙或吕望。吕尚的"尚"应是其字,古人称呼他人,常常称其字,以示尊敬,所以在吕尚、吕牙或吕望这三个称呼中,以吕尚的称呼最为妥帖。至于称太公为"姜子牙",肇始于《武王伐纣平话》《封神演义》等书,但因为《封神演义》极具影响,所以从客观上说,"姜子牙"的称谓深入人心且流传最广。

《六韬》作者题为太公吕望。吕望最初侍奉商纣王,后归附周族,担任周文王及周武王的老师。以此推算,该书应成书于商周时期,极为古老。但根据古今学者的考证,《六韬》署名太公属于伪托,并非真实情况。所以,现在我们谈及《六韬》,通常都说该书作者题为吕望,属于伪托,其真实作者或编者虽无法确考,但必定不会是周代初年的吕望所撰。

二、《六韬》的成书时间

我们认为,今传本《六韬》是一部主体成书于战国时期,并经过了汉代及后世整理修订的兵书，今传本是宋代学者的选编本。

虽然《六韬》一书主体编纂于战国时期，但并不意味着书中所记兵学思想、武器装备、战法计谋都是战国时期的产物，只能说是战国时期的兵学家在西周、春秋及战国兵学史料的基础上，按照一定体例整合、编纂而成的产物。至于《六韬》主体编纂于战国时期，可以通过文献印证及书中的兵学内容有所推断。从语言风格与行文风格上看，《六韬》与同时代的《尉缭子》《孙膑兵法》《吕氏春秋》等书，有很多相似之处，甚至一些语句完全相同，这说明战国时期很多图书，均是在当时流行的图书和历史档案基础上，选择、摘录、重新组合或二次编纂而来。古今学者研究过程中，或认为《六韬》成书于秦汉甚至魏晋时期，或认为该书是伪书，而《六韬》成书较晚这一疑惑的解除，依靠的是出土文献。

1972 年山东临沂银雀山西汉武帝初年的墓葬中，出土了竹简本《六韬》，其文句与传世本《六韬》的《文韬》《武韬》《龙韬》多有相合。1973 年河北定州八角廊西汉中山怀王刘修墓中，也出土了竹简本《六韬》。这两处考古发现以及出土的竹简，划定了《六韬》主体成书的时间下限，因为西汉时期《六韬》已有定本并流传，说明该书的成书一定早于此，这是该书主体形成于战国时期的旁证。出土文献不但印证了《六韬》史料久远且非伪书，竹简本与传世本之间篇章和文句的差异还提醒我们，在战国时期，《六韬》的篇数及内容应远多于今传本的六十篇。

《六韬》书中的兵学内容也印证其成书于战国时期的说法，

书中涉及诸多骑兵作战经验的总结，这是春秋时期《孙子兵法》《司马法》等书籍中没有的，而战国时期赵武灵王“胡服骑射”之后，骑射等战法才开始丰富；书中所记述的车兵与骑兵并用的情况，正是战国普遍采取的战法；书中“将军”的官称，也是战国中期以后才有的称谓。以上证据，都可以成为《六韬》主体成书于战国时期的旁证。

与《战国策》等典籍一样，在西汉时期刘向、刘歆等人整理图书典籍的过程中，《六韬》也经历了篇章增减、合并以及文句调整这一过程。经过整理之后，到汉宣帝时期，《六韬》已展现出篇目井然的情状。从《六韬》在古籍目录中的著录，也可见其篇数等情况的变化。东汉时期班固编纂《汉书》，专门设立记载图书流传情况的《艺文志》，篇中收录道家类图书《太公》二百三十七篇，班固自注称包含《谋》八十一篇、《言》七十一篇、《兵》八十五篇。到了唐代魏徵所编《隋书·经籍志三》则著录为“《太公六韬》五卷，梁六卷，周文王师姜望撰”。由此可见，《六韬》也经历了分篇合卷等文献整理及修订的过程。而《六韬》的卷数在唐代至宋初变化不大，原因可能在于唐代以后，太公被尊奉为武成王，地位甚至与文宣王孔子平齐，所以此时期《六韬》传承有序。

《六韬》之名，最早明确所见的先秦典籍，是战国时期的《庄子》。《庄子·徐无鬼》记载战国初期的隐士徐无鬼取悦魏武侯，魏国大臣女商对此很好奇，便陈述了自己平日讨好国君之法：“吾所以说吾君者，横说之，则以《诗》《书》《礼》《乐》；从(纵)说之，则以《金版》《六弢》。”女商所说的“《诗》《书》《礼》

《乐》”，约为儒家的经典“六经”。魏武侯好武，所以女商又以兵法“《金版》《六弢》”取悦国君，这里的“《六弢》”，很可能是《尚书·周书》某一篇的篇名，也可能就是《太公兵法》中的一部分，虽不能完全等同于如今的传世本《六韬》，但大体可知《六韬》的内容已存于世。东汉班固《汉书·艺文志》所著录的儒家类著录有“《周史六弢》六篇”，道家类著录有“《太公》二百三十七篇”，这些篇章应该都与今传本《六韬》的内容和篇章有交叉。

综上所述，《六韬》主体成书于战国时期，又经历了后世的修订和调整，而其作者之所以假托为周人吕望，无非是想借重太公之名而使该书流传更广泛、更长久而已，这与医药类典籍多托名于神农有着异曲同工之妙。

三、《六韬》的思想内容

《六韬》的“韬”字，本义是“剑套”。中国第一部字典、东汉时期许慎所编《说文解字》载：“韬，剑衣也。”后引申为用兵的计谋，“六韬”即六类兵学计谋，且侧重于战争中的阴谋诡计。全书以文王或武王提问，太公作答为惯用形式写成，分六卷，共六十篇。六十篇中，发问者为周文王的篇章共有十五篇，为第一至十一篇、第十三至十六篇。其余四十五篇，发问者为周武王。

《六韬》今传本，最重要的是宋代何去非整理校订的版本，分为六卷，第一卷《文韬》，包括《文师》《盈虚》等十二篇。第二卷《武韬》，包括《发启》《文启》等五篇。第三卷《龙韬》，包括《王翼》《论将》等十三篇。第四卷《虎韬》，包括《军用》《三陈》等十二篇。第五卷《豹韬》，包括《林战》《突战》等八篇。第六卷《犬韬》，包括《分兵》《武锋》等十篇。

在篇章选择和内容编排上，《六韬》也显现出较为清晰的系统性，并大体可以分为两个部分，即宏观层面的国家治理理念阐述与微观层面的军事战略战法梳理。第一部分，宏观层面的国家治理理念阐述，包括第一卷《文韬》和第二卷《武韬》，总计十七篇，围绕着“国家治理”这个核心概念进行阐述。篇章之间联系紧密，并均围绕国家治理主题展开，如《盈虚》《明传》探讨国家治乱兴衰与国君的关系问题，《国务》探讨爱民这一治国要务，《大礼》《六守》《上贤》《举贤》阐述君臣之礼及臣民选拔，《守土》《守国》阐述卫国策略，《文伐》《三疑》阐述非军事手段打击敌国的策略，《兵道》阐述总体作战原则，《发启》《文启》《顺启》阐述夺取天下及长治久安的策略。

值得注意的是，这一部分并不过多涉及具体问题，而是从宏观角度观照如何在国家层面运用更加切实可行的理念，合理安排臣、民、礼等国家元素，旨在通过政治、经济和外交等非军事手段，实现政治上的繁荣昌盛，这种谋求国家治理全胜战略，我们可视为最高层次的战略。这一部分中也有卫国策略和作战原则的探讨，但都是宏观层面的战略探讨，而且军事战略不但可视为国家治理战略的组成部分，也与政治战略相得益彰，正如《文伐》篇所言：“十二节备，乃成武事，所谓上察天，下察地，征已见，乃伐之。”《六韬》中“文伐”的政治战略与“武伐”的军事战略紧密结合的论述，使得古代战略思想更加丰富，也为第二部分的具体战法阐述进行了理论铺垫。

《六韬》第二部分，包括第三至六卷的所有篇章，在书中所占比重较第一部分略大。《后汉书·何进传》章怀太子的注释中对《六韬》篇章主题归纳为“第三《龙韬》,主将;第四《虎韬》,偏裨;第五《豹韬》,校尉;第六《犬韬》,司马”,这个归纳还是比较客观准确的。我们知道,国家治理理念的实现,需要凭借一定具体手段,其中当然包括军事战略,而军事战略不能空泛而论,其赖以实现的基础和手段便是军队建设、将帅任用、士卒安置、阵法设置以及军用配置等与战事相关的细节。所以《六韬》在第一部分的基础上,在第二部分就针对军事战略作了具体而细致的阐述。

第三卷《龙韬》主要围绕将帅进行阐述,辅之以“神势”等用兵原则的提出与“和不忘战”等军事理念的陈说。《龙韬》从各个角度对将帅进行了全面论述,《王翼》阐述作为将帅羽翼的军事参谋,其组织架构及人员分工。随后的篇章,有明显的递进特征,《论将》论将帅品质,《选将》论将帅选拔,《立将》述将帅任命,《励军》讲士气鼓舞,《阴符》《阴书》讲军事通讯。

《六韬》从第四卷到第六卷,用了三卷的篇幅,集中阐述了夺取胜利所需的具体战法。《军用》《军略》论军用器械,《三陈》论三种阵法,《必出》《绝道》讲作战中的突围,《临境》《动静》《金鼓》讲对峙中的伏击及迂回等战法,《略地》讲攻打城邑的方法。同时也论及交战中所运用的多种战法,《火战》集中论述防御敌人火攻的办法,《垒虚》则论述“听鼓之音”及“观垒上飞鸟”等军事侦察的方法。

作战的战场,广泛涉及平原、山地、丛林及水泽等多种地形,所以第五卷《豹韬》的全部八篇及第六卷《犬韬》的前四篇,均围绕作战地形或时机，阐述作战原则和具体战法。《林战》讲丛林，《强敌》讲夜袭，《鸟云山兵》讲山地，《鸟云泽兵》讲江河，《分险》综论山水险要地带，《突战》《敌武》《少众》等篇则结合具体情况阐述反攻敌军的战法，《分兵》讲分兵与集结的原则和方法，《武锋》强调十四种战机的把握，《练士》列举十一种选编部队的方法，《教战》强调训练士卒需要以点到面，逐步推广。第六卷《犬韬》最后五篇则紧紧围绕“兵种”这一核心概念展开论述。其中，论述不同兵种的选拔标准，具体可参看《武车士》及《武骑士》两篇；论述不同兵种作战易胜、易亡的区域及时机，具体可参看《战车》《战骑》；论述不同兵种面对作战环境变化而导致的作战方法转变，具体可参看《战步》。

综上所述，《六韬》一书之中蕴藏着深刻的兵学思想和丰富的兵学知识，该书因而受到兵家的高度重视。宋神宗时设立武学，将《六韬》与《孙子兵法》等兵学重要典籍合刊为《武经七书》，并将《武经七书》作为武学学员指定必读书目，此举直接带来的效果是《六韬》的读者群体迅速扩充，既拓宽了流传范围，也扩大了影响。认真研读《六韬》，对我们更好地认知先秦两汉时期的兵学思想大有裨益，而其《阴符》《阴书》等篇体现出典型的军事阴谋学，《五音》《兵征》等篇展现了兵阴阳学色彩，又能带我们领略在将帅士兵、装备阵法之外独特的思想和计谋。《六韬》恰恰以其包罗万象而为兵家所重，以至于传承有序、流传至今。

四、《六韬》的版本情况

《六韬》的版本，主要可以归纳为三个系统，《武经七书》系统、引文辑文系统以及出土文献系统。上述版本系统中,最重要的便是《武经七书》本《六韬》。

首先,我们来看第一个版本系统——《武经七书》本。宋神宗时期编订的《武经七书》,是武官武举考试备考所用教材,因此校订者何去非做了大量整理工作,并将篇数删减到六十篇。宋本《武经七书》流传到清代,著名藏书楼皕宋楼藏有一部,后被收入静嘉堂文库。1935 年上海商务印书馆《续古逸丛书》所收宋本《武经七书》,是上海涵芬楼按照中华学艺社借照东京岩崎氏静嘉堂藏本胶片影印出版的。本书即以《武经七书》本为底本,参校他书注译而成。

其次,我们来看《六韬》第二个版本系统——引文辑文本。《六韬》一书,主体成书于战国时期,并为《大戴礼记》《新语》《说苑》《吴越春秋》《群书治要》等汉唐典籍所征引,这些书中所引篇章及文句,有的与《武经七书》本相同,有的不见于《武经七书》,但均应出自古本《六韬》。同时,我们也由此可知,宋代所传六十篇《六韬》,是在篇章较多的古本《六韬》基础上,进行选编而成的选编本。另外,《六韬》在流传中,其面貌发生了较大改变,许多篇章及文句亡佚或散佚。清代辑佚之风盛行,学者对古代重要典籍进行了大量辑佚工作,也从《意林》《通典》《文选注》等辑出了一定的《六韬》佚文,这些佚文对研究《六韬》的原貌也有较大价值。

最后,我们来看《六韬》第三个版本系统——出土文献本。前文已述,《六韬》有两个重要的出土文本,即 1972 年山东临沂银雀山出土的汉简本《六韬》以及 1973 年河北定州八角廊出土的汉简本《六韬》。此外,从敦煌藏经洞发现了唐写本《六韬》残卷,无疑也是关于《六韬》的重要出土文献,有助于我们从学术角度更加深入了解《六韬》的原貌。

现代学者对《六韬》的注释和翻译工作,取得了较大成绩,也结出了累累硕果,比较有代表性的有黄朴民先生的《黄朴民解读三略·六韬》、徐玉清与王国民先生合作注译的《六韬》、唐书文先生注译的《六韬》、曹胜高与安娜先生合作注译的《六韬》以及陈曦先生注译的《六韬》等等,这些注译本都凝聚着学者们的心血,并各有所长、各具匠心。本书在校勘、注释及今译的过程中,也参考了上述著作,在此一并表达谢意。

本书的体例分为题解、原文、注释、译文四部分。《文师》《发启》《军用》三篇,因正文的文段过多,不便读者查阅注释和译文,所以切分成若干部分,分别加以注释及译文。注释的原则,是对重要的字词加注,对古今字义差别较大的字词加注,对难以理解的文句加注。原文中,可以明辨的文字讹误,径直改动,疑误的文字,在注释中略作探讨。限于水平有限,本书注译过程中一定有许多错漏,敬请读者朋友批评指正。

原　昊

2020 年 9 月

目　录

卷一　文韬

卷二　武韬

卷三　龙韬

卷四　虎韬

卷五　豹韬

卷六　犬韬

卷一　文韬

文师第一

〔题解〕

本篇是《六韬》的首篇，记述了周文王遵照史官编的占卜，前往渭阳田猎，遇到隐士太公。初次见面，太公以钓鱼为话题进行试探，见到文王态度恳切、虚心求教之后，才阐发治国之理，启发周文王以厚禄笼络人才，其间提出“同天下之利者则得天下，擅天下之利者则失天下”的名言。姜太公进而阐发其仁、德、义和道的含义，并告诫文王从这四个方面入手，便会“天下归之”。篇末记载文王请姜太公出山，并拜其为师之事。本篇作为《六韬》首篇，自然意义重大，且也可将本篇视为周人灭商的政治纲领。

文王将田[①]，史编布卜曰[②]：“田于渭阳[③]，将大得焉。非龙、非彨[④]，非虎、非罴[⑤]，兆得公侯[⑥]，天遗汝师[⑦]，以之佐昌[⑧]，施及三王[⑨]。”

文王曰：“兆致是乎？”

史编曰：“编之太祖史畴为禹占，得皋陶[⑩]，兆比于此。”

〔注释〕

①文王：即周文王，商代末年周部族的领袖，被称为西伯，姬姓，名昌，文王是其谥号。《六韬》通篇以问答形式，发问者为文王及武王，作答者为周公。田，通“畋”，打猎。

②史编布卜：史，官职名，先秦时期司掌记事、祭祀及占卜之官，《周礼·春官》记载周代有大史、小史、内史及外史等官职，古文字“史”的字形像一只手握笔，足见史官正是朝廷记录历史之官。编，人名，以职官和名字连称，是商周时期的习惯，较为著名的是“史墙”，本篇又载史编之祖“史畴”。布卜，即占卜，此“布”的意思是陈列。

③渭阳：渭水北岸。渭，渭水，黄河最大的支流。阳，水的北面，山南水北谓之阳。本句，银雀山竹简本作“田于渭之阳”，《群书治要》引《六韬》作“文王田乎渭之阳”。

④彨(chī)：通“螭”，传说中一种无角的龙。

⑤罴(pí)：棕熊，熊的一种，体型较大，俗称人熊。《史记·齐太公世家》“西伯将出猎，卜之，曰‘所获非龙非彨，非虎非罴；所获霸王之辅’”，与《六韬》文句相似。

⑥兆：商周时期常用甲骨占卜，其过程是在甲骨上钻孔并灼烧，并依据灼烧的裂纹判断吉凶，而灼烧裂纹就被称为“兆”。公侯：古代爵位的名称。周代五等爵位依次为公、侯、伯、子、男。

⑦遗(wèi)：赠予、送给。

⑧昌：文王名。

⑨施(yì)：蔓延、延续。三王：后代之王。文王之后的三代周王为武王、成王及康王，太公望在文王去世后确实辅佐过此三王，但此句为史官解释占卜之卦，不能径直理解为此三王。

⑩皋(gāo)陶(yáo)：传说中东夷族的领袖，辅佐过舜和禹。

〔译文〕

周文王将去打猎,史编占卜后说:“您到渭河北岸打猎,将有巨大的收获。所收获的不是龙,不是螭,不是虎,也不是熊,根据卜兆显示,您将得到一位公侯之才,他是上天赐给您的老师,让他辅佐您的事业,恩泽定会延续到您的子孙后代。”

文王问道:“占卜的结果真的预示这样吗?”

史编答道:“我的远祖史畴曾为大禹占卜,卜兆的结果是得到贤臣皋陶,那次的卜兆正与本次相似。”

文王乃斋三日①,乘田车,驾田马,田于渭阳。卒见太公②,坐茅以渔。

文王劳而问之曰③:“子乐渔邪?”

太公曰:“臣闻君子乐得其志,小人乐得其事④。今吾渔,甚有似也,殆非乐之也。”

文王曰:“何谓其有似也?”

太公曰:“钓有三权⑤:禄等以权,死等以权,官等以权。夫钓以求得也,其情深,可以观大矣。”

〔注释〕

①斋:斋戒。古人在进行祭祀或典礼等重要活动之前,要做到身体和精神的清净,以表示庄重敬畏,通常的做法是沐浴更衣,不吃荤饮酒,不亲近女色。

②卒:最终。太公:对老年人的尊称,此处指太公吕尚。中国古代的

姓名较为复杂,主要包括姓、氏、名、字和号。太公姓姜,但先秦时期,男子称氏,女子称姓,所以不能叫姜太公、姜尚。吕尚的氏是“吕”,该氏的起源是以地名作为氏,所以我们可以称吕尚、吕牙或吕望,“尚”应是其字,古人称呼他人,常常称其字,以示尊敬,所以以吕尚的称呼最为妥帖。

③劳(lào):慰问,此处作动词,故读去声。

④小人:此句中的“小人”为“君子”的对称,指从事具体职业的人。如《论语·子路》记载孔子的弟子樊迟向老师请教种庄稼及种菜的方法,孔子答复道“吾不如老农”“吾不如老圃”,樊迟走后,孔子评论说:“小人哉,樊须也。”

⑤权:权术,权谋。“钓有三权”,银雀山汉简本作“渔有三权”。

〔译文〕

文王于是斋戒三天,乘着猎车,驾着猎马,到渭水北岸打猎。终于看到太公正坐在长满茅草的河边钓鱼。

文王上前慰劳,并询问道:“先生喜欢钓鱼吗?”

太公道:“我听说君子乐于实现自己的抱负,普通人乐于做好自己的事情。现在我钓鱼,与此道理相似,并不是喜欢钓鱼。”

文王问道:“为什么说两者之间有相似之处呢?”

太公答道:“钓鱼与人事相似,有三种权术:用厚禄收买人才,用重金收买死士,用高官吸引人才(这些都是用人的权谋)。垂钓的目的是为了得鱼,其中的道理十分深奥,从中可以看出大的道理。”

文王曰:“愿闻其情。”

太公曰:“源深而水流,水流而鱼生之,情也;根深而木长，木长而实生之，情也；君子情同而亲合，亲合而事生之，情也。言语应对者，情之饰也；言至情者，事之极也。今臣言至情不讳，君其恶之乎①？”

〔注释〕

①恶（wù）：厌恶。

〔译文〕

文王道："我愿意听听这其中的道理。"

太公道："水源深，水才能流动不息，水流不息，鱼类才能生存，这符合自然情理；根须深，树木才能茂盛，枝叶茂盛，果实才能结成，这符合自然情理；君子情投意合，才能亲密合作，亲密合作才能成就大业，这也符合自然情理。言语敷衍应对，是自然情理的掩饰；真情实意之言，才是谋划大业的最高境界。现在我所说的都是真情实话，毫无隐讳，您听了会厌恶吗？"

文王曰："唯仁人能受至谏，不恶至情。何为其然？"

太公曰："缗微饵明①，小鱼食之；缗调饵香②，中鱼食之；缗隆饵丰，大鱼食之。夫鱼食其饵，乃牵于缗；人食其禄，乃服于君。故以饵取鱼，鱼可杀；以禄取人，人可竭；以家取国，国可拔；以国取天下，天下可毕③。"

"呜呼！曼曼绵绵④，其聚必散；嘿嘿昧昧⑤，其光必远。微哉！圣人之德，诱乎独见。乐哉！圣人之虑，各归其次，而树敛焉[⑥]。”

〔注释〕

①缗（mǐn）：钓鱼用的丝线。

②调：搭配均匀，这里指钓丝粗细适中。

③毕：古代田猎捕取禽兽所用的长柄小网，此处意为取得。

④曼曼绵绵：曼曼，长也。《楚辞·离骚》“路曼曼其修远兮”，《楚辞·悲回风》“终长夜之曼曼兮”，上海博物馆所藏战国竹简《用曰》“曼曼简简亓容之作”，其中的“曼曼”均指长长久久，绵延不断。此指殷代绵延数百年，历史悠久。

⑤嘿（mò）嘿昧昧：嘿嘿，同“默默”，即不声不响。《汉书·匡衡传》：“衡嘿嘿不自安。”昧昧，昏暗不明，不露于外。此句指周人在殷王朝统治时期，不声不响地暗中努力。

⑥敛：收聚，收揽，此处指收揽人心。

〔译文〕

文王问道：“只有具备仁德品质的人才能接受直率的劝谏，而不厌恶真情实话。我怎么才能做到呢？”

太公答道：“钓丝细微，鱼饵明显，小鱼会吞食上钩；钓丝适中，鱼饵香甜，中鱼会吞食上钩；钓丝粗长，鱼饵丰盛，大鱼会吞食上钩。鱼吞食香饵，便会被钓丝牵住；人得到俸禄，便会服从君主调遣。所以用饵钓到鱼，鱼便可烹杀；用俸禄网罗人才，人才便能尽为所用；以家为基础取国，国便能据为己有；以国为基础取天下，天下便能全部征服。”

“哎呀！（殷代）长长久久、绵延不断，但它所积聚的东西，最终必将烟消云散；（周人）不动声色地暗中准备，它的光芒必定照耀久远。微妙啊！圣人的德化，就在于独创地、潜移默化地收揽人心。欢乐啊！圣人的思虑，就是让人各归其位，而将人心收揽到他那里。”

文王曰：“树敛何若而天下归之？”

太公曰：“天下非一人之天下，乃天下之天下也。同天下之利者则得天下，擅天下之利者则失天下[①]。天有时，地有财，能与人共之者，仁也。仁之所在，天下归之。免人之死，解人之难，救人之患，济人之急者，德也。德之所在，天下归之。与人同忧同乐，同好同恶者，义也。义之所在，天下赴之。凡人恶死而乐生，好德而归利，能生利者，道也。道之所在，天下归之。”

文王再拜曰[②]：“允哉[③]，敢不受天之诏命乎！”乃载与俱归，立为师。

〔注释〕

①擅：专擅、独自占有。

②再拜：连拜两次，以示尊敬。

③允：得当，恰当。

〔译文〕

文王问道：“应该采用什么办法才能使天下归心呢？”

太公答道：“天下不是一个人的天下，而是天下人共有的天下。能同天下人共享利益的，就能取得天下；独自占有天下利益的，就会失掉天下。天有四时，地有财富，能和别人共享的，就是仁义之君。仁义之君所在之处，天下人就会归附于他。免除人们的死亡，解决人们的苦难，消除人们的祸患，解救人们的危急，就是有德之君。有德之君所在之处，天下人就会归附于他。和人们同忧同乐、同好同恶的，就是有义之君。有义之君所在之处，天下人就会向那个地方奔赴。人们无不厌恶死亡而乐于活着，喜好德行而趋向利益，能为天下人谋求利益的，就是有道之君。有道之君所在之处，天下人就会归附于他。"

文王连拜两次，说："先生讲得太恰当了，我怎敢不接受上天的旨意！"于是，把太公请上猎车，一起回到国都，拜他为师。

盈虚第二

〔题解〕

盈虚,此处意为盛衰。本篇围绕国家盛衰这一问题,主要阐明国家的治乱兴衰,并非由天时的自然变化主导,即不由天命决定,而取决于国君的贤明与否。如果国君贤明,便会"国安而民治",反之便会"国危而民乱"。本篇主体部分为太公以帝尧为例,阐述古之贤君如何统治天下。太公将"从事乎无为"的帝尧作为贤明君主的代表,赞美了帝尧的各种美德,如生活俭朴、轻徭薄赋、奖励农桑、赏罚有度及存养孤苦,并言及其结果是"百姓戴其君如日月,亲其君如父母",紧扣贤君德行对国家治乱兴衰起决定作用这一主题。

文王问太公曰:"天下熙熙[①],一盈一虚[②],一治一乱,所以然者,何也?其君贤不肖不等乎[③]?其天时变化自然乎[④]?"

太公曰:"君不肖,则国危而民乱;君贤圣,则国安而民治。祸福在君,不在天时。"

文王曰:"古之贤君可得闻乎?"

太公曰："昔者帝尧之王天下[5]，上世所谓贤君也。"

文王曰："其治如何？"

太公曰："帝尧王天下之时，金银珠玉不饰，锦绣文绮不衣[6]，奇怪珍异不视，玩好之器不宝[7]，淫佚之乐不听，宫垣屋室不垩[8]，甍桷椽楹不斫[9]，茅茨遍庭不剪[10]。鹿裘御寒，布衣掩形，粝粱之饭[11]，藜藿之羹[12]。不以役作之故，害民耕织之时。削心约志，从事乎无为[13]。吏忠正奉法者尊其位，廉洁爱人者厚其禄，民有孝慈者爱敬之，尽力农桑者慰勉之。旌别淑慝[14]，表其门闾[15]，平心正节，以法度禁邪伪。所憎者，有功必赏；所爱者，有罪必罚。存养天下鳏寡孤独[16]，赈赡祸亡之家[17]。其自奉也甚薄，其赋役也甚寡。故万民富乐而无饥寒之色，百姓戴其君如日月，亲其君如父母。"

文王曰："大哉！贤君之德也。"

〔注释〕

①熙熙：纷杂之状，纷扰杂乱的样子。《史记·货殖列传》有名言："天下熙熙，皆为利来。"

②盈虚：此处意指盛衰。盈，充满。虚，空虚。《周易·乾·文言》"天地盈虚，与时消息"，晋·葛洪《抱朴子·任命》"祸福交错乎倚伏之间，兴亡缠绵乎盈虚之会"，均以盈虚喻盛衰。

③不肖（xiào）：与"贤"相对，不肖即不贤。

④天时：天地自然运行的时序，此处意为天命。

⑤尧：上古传说中部落联盟的领袖，《史记·五帝本纪》将其与黄帝、

帝喾、颛顼和舜合称“五帝”。尧为陶唐氏，名放勋，史称“唐尧”。唐尧虞舜被视为上古圣贤君主的典范，古代典籍多有提及。王（wàng）：此处作动词，意思是称王，统治。

⑥锦绣文绮（qǐ）：指做工精细华丽漂亮的丝织品。衣（yì）：此处作动词，穿。

⑦玩好：供欣赏玩乐的奢侈品。不宝：不当作宝贝，不珍视。

⑧垩（è）：可供粉刷用的白土，此处作动词，粉刷。

⑨甍（méng）：屋脊。桷（jué）：横排在屋梁上的方形木条。椽（chuán）：椽子，放在檩上架着屋顶的木条。楹（yíng）：厅堂前部的柱子。斫（zhuó）：用刀、斧等砍，此处意为雕琢。

⑩茅茨（cí）：茅草和蒺藜。《韩非子·五蠹》所载帝尧的传说“尧之王天下也，茅茨不翦，采椽不斫，粝粢之食，藜藿之羹，冬日麑裘，夏日葛衣”与此相似。

⑪粝（lì）粱：粗劣的粮食。

⑫藜（lí）藿：野生的菜蔬。《史记·太史公自序》中，司马迁征引父亲司马谈《论六家要旨》所讲墨者亦尚尧舜之道：“茅茨不翦，采椽不刮。食土簋，啜土刑，粝粱之食，藜藿之羹。夏日葛衣，冬日鹿裘。”可见，《六韬》中所记载的尧治理天下之道，不但为后世遵循，在两周秦汉时期也颇为流行。

⑬无为：无所作为，此处指顺应自然，效法天地。儒家、道家均有无为思想，如儒家讲“无为”，《论语·卫灵公》言“无为而治者，其舜也与”，道家也强调老子“无为而无不为”的哲学。《六韬》杂糅儒、道、法、墨诸家学说，此处的“无为”，应兼有儒道两家的成分，强调顺应自然，无为而治。

⑭旌（jīng）别：识别，甄别。淑：善良，美好。慝（tè）：邪恶。慝，底本作“德”，疑误，据《武经七书汇解》校改。

⑮闾（lǘ）：里巷的大门。

⑯鳏（guān）寡孤独：指没有劳动能力又没有亲属供养的人。《孟

子·梁惠王》:“老而无妻曰鳏,老而无夫曰寡,老而无子曰独,幼而无父曰孤。”

⑰赈赡(shàn):用财物救济供养。

〔译文〕

文王问太公道:“天下纷繁杂乱,时而强盛,时而衰弱,时而安定,时而混乱,其所以这样,是什么缘故?是由于君主贤明与不贤的不同而导致的吗?是由于天命变化导致的吗?”

太公答道:“君主不肖,则国家危亡而民众生乱;君主贤明,则国家安定而民众安定。所以,国家的祸福在于君主贤明与否,而不在天命。”

文王问道:“古时贤君的事迹,可以讲给我听听吗?”

太公答道:“从前帝尧统治天下,上古的人都称他为贤君。”

文王问道:“他是怎样治理国家的?”

太公答道:“帝尧统治天下时,不用金银珠玉作饰品,不穿锦绣华丽的衣服,不观赏奇珍异品,不珍视古玩宝器,不听淫逸的音乐,不粉饰宫廷墙壁,不雕饰屋脊椽柱,不修剪庭院茅草。以鹿裘御寒,以粗布蔽体,吃粗粮饭,喝野菜汤。不以征发劳役的原因而耽误民众耕织的农时。约束自己的欲望,抑制自己的贪念,用无为理念统治国家。官吏中忠正守法的就得到升迁,廉洁爱民的就增加其俸禄。对臣民中孝敬长辈、慈爱晚辈的给予敬重,对尽力农桑劳动的慰问勉励。区别善恶正邪,表彰善良人家,心志公平、品德端正,用法制禁止邪恶诈伪。对自己厌恶的人,如果建立功勋同样给予奖赏;对自己喜爱的人,如果犯罪必定施行惩罚。赡养无人供养的鳏寡孤独之人,赈济遭受天灾人祸的家庭。帝尧自己的生活则十分俭朴,所征赋税劳役也很少。所以天下民众富足安乐而没有饥寒之色,百姓像爱戴日月一样爱戴他,像亲近父母一样亲近他。”

文王道:“帝尧这位贤君的德行真伟大啊!”

国务第三

〔题解〕

国务，就是治理国家的重要事务。本篇的核心观点是治国要务就是爱民，其内容为“利而勿害，成而勿败，生而勿杀，与而勿夺，乐而勿苦，喜而勿怒”，即要给民众利益而不是损害他们的利益，使民众成功而不败坏他们的事情，保护民众的生命而不是滥杀无辜，给予民众实惠而不掠夺其财产，使民众安乐而不要让他们痛苦，让民众喜悦而不要让他们愤怒。在文王的要求下，太公对治国要务进行了具体阐释，从正反两方面论述了利、成、生、与、乐、喜和害、败、杀、夺、苦、怒，并最后指出爱民之道应像父母爱护子女、兄长爱护弟妹一样。

文王问太公曰：“愿闻为国之大务①，欲使主尊人安，为之奈何？”

太公曰：“爱民而已。”

文王曰：“爱民奈何？”

太公曰：“利而勿害，成而勿败，生而勿杀，与而勿夺，乐而勿苦，喜而勿怒。”

文王曰："敢请释其故。"

太公曰："民不失务则利之，农不失时则成之，省刑罚则生之，薄赋敛则与之②，俭宫室台榭则乐之③，吏清不苛扰则喜之。民失其务则害之，农失其时则败之，无罪而罚则杀之，重赋敛则夺之，多营宫室台榭以疲民力则苦之，吏浊苛扰则怒之。故善为国者，驭民如父母之爱子，如兄之爱弟，见其饥寒则为之忧，见其劳苦则为之悲，赏罚如加于身，赋敛如取己物。此爱民之道也。"

〔注释〕

①为(wéi)国之大务：为，治理。务，要务，重要事情。

②薄赋敛则与(yù)之：减少赋税就是给予民众实惠。赋敛，田赋、税收。

③宫室台榭(xiè)：指贵族豪华建筑。台，高平的建筑物。榭，建筑在台上的高屋。

〔译文〕

文王问太公道："我想听听治国的重要事务，想要使君主尊贵、民众安定，应该怎么办呢？"

太公答道："唯有爱民而已。"

文王问道："应当怎样爱民？"

太公答道："要给民众利益而不是损害他们的利益，使民众成功而不败坏他们的事情，保护民众的生命而不是滥杀无辜，给予民众实惠而不掠夺其财产，使民众安乐而不要让他们痛苦，让民众喜悦而不要让他们愤怒。"

文王道:“冒昧地请您解释一下其中的道理。”

太公道:“民众不失去谋生的职业,就是得到利益;不耽误耕作的农时,就是促成了生产活动;减少刑罚,就是保护了民众的生命;少征收赋税,就是给予了民众实惠;少修建宫殿建筑,就是赋予了民众安乐;官吏清廉不苛扰及盘剥,就是让民众喜悦。与之相反,让民众失去职业,就是损害了他们的利益;耽误农时,就是破坏民众的生产活动;民众无罪而遭受惩罚,就等同于杀害他们的生命;横征暴敛,就等同掠夺民众的实惠;大兴土木修建宫室而使民力劳顿,就会使民众痛苦;官吏贪污苛扰,就会激起民众愤怒。所以,善于治国的君主,统治民众像父母爱护子女、兄长爱护弟妹一样,看到他们饥寒就为他们忧虑,看到他们劳苦就为他们悲痛,对他们所施行的赏罚就像自己身受一般,向他们征收赋税如同掠夺自己的财物一般。这就是爱民之道。”

大礼第四

〔题解〕

大礼,应为君臣之礼。本篇虽以“大礼”为题,实际强调的是君臣之间的行为准则以及君主应有的修养。本篇首先阐明了君臣之间的行为规范:君主应居高临下但不疏远臣民,才能像天一样普施恩惠;臣民则应服从命令,安分守职,不隐瞒君主,才能像地一样稳重厚实。随后,文王从“主位”“主听”“主明”三个方面发问,太公则逐项阐述了君主应具备的行为规范和品德修养。本篇文句与《管子·九守》多有相似,可进行适当对读。

文王问太公曰:“君臣之礼如何?”

太公曰:“为上唯临①,为下唯沉②。临而无远,沉而无隐。为上唯周③,为下唯定④。周则天也⑤,定则地也。或天或地,大礼乃成。”

文王曰:“主位如何⑥?”

太公曰:“安徐而静,柔节先定⑦,善与而不争,虚心平志,待物以正。”

文王曰:“主听如何?”

太公曰："勿妄而许，勿逆而拒[8]。许之则失守，拒之则闭塞。高山仰之，不可极也；深渊度之，不可测也。神明之德，正静其极[9]。"

文王曰："主明如何？"

太公曰："目贵明，耳贵聪，心贵智。以天下之目视，则无不见也；以天下之耳听，则无不闻也；以天下之心虑，则无不知也。辐凑并进[10]，则明不蔽矣。"

〔**注释**〕

①为(wéi)上唯临：作为君主只管居高临下。临，居高临下地监视。

②为(wéi)下唯沉：作为臣民只管臣服。沉，深沉顺服。

③周：周遍，普遍，意指考虑周全。

④定：安定，稳定，意指安守职分。

⑤周则天也：考虑周全便可像天一样施恩万物。则，效法。

⑥主位如何：身居君主之位，应该怎样做？

⑦安徐而静，柔节先定：君主要安详、从容且宁静，柔和、节制且心中有数。《管子·九守》篇首即为此二句，下言"虚心平意以待须"与本篇"虚心平志，待物以正"意思相近。

⑧勿妄而许，勿逆而拒：不要轻率接受，不要粗暴拒绝。这两句，《管子·九守》作"勿望而距，勿望而许"，与本篇略有差异。拒，底本讹为"担"，误，文言文中表"担"的意思通常作"擔"，且本句之后即言"许之……拒之……"，可知此应为"拒"，形近而讹。

⑨神明之德，正静其极：像神明那样拥有无所不察的德行，正和静是准则。极，准则。

⑩辐凑：辐条内端聚集于车轴中心。辐，连接车辋和车毂的直条。凑，同"辏(còu)"，车轮的辐聚集到中心，引申为聚集。

〔译文〕

文王问太公道:“君臣之间的礼法应该是怎样的?”

太公答道:“作为君主只管居高临下,作为臣民只管臣服。君主居高临下,但不疏远臣民;臣民沉稳顺服,但不隐瞒君主。作为君主要考虑周全,作为臣民要安守职分。君主考虑周全便可像天一样施恩万物,臣民安守职分便可像地一样稳重厚实。君主效法天,臣民效法地,君臣之间的礼法就圆满确立了。”

文王问道:“身居君主之位,应该怎样做?”

太公答道:“君主要安详、从容、宁静,柔和、节制及心中有数,善于施惠而不与民众争利,虚心静气待人,公平正直待物。”

文王问道:“君主倾听意见,应该怎样做?”

太公答道:“不要轻率接受,不要粗暴拒绝。轻率接受就容易丧失主见,粗暴拒绝就容易造成闭塞。君主要像高山那样,不易见顶;要像深渊那样,深不可测。像神明那样拥有无所不察的德行,正和静是准则。”

文王问道:“君主洞察一切,应该怎样做?”

太公答道:“眼睛贵在明察事物,耳朵贵在倾听意见,心灵贵在思虑周全。君主以天下人的眼睛去观察事物,就能无所不见;以天下人的耳朵去倾听意见,就能无所不闻;以天下人的心灵去思考问题,就能无所不知。君主能像辐条聚集于车轴一样,将天下人的聪明才智聚集在一起,自然就不被蒙蔽了。”

明传第五

〔题解〕

本篇叙述文王在病榻上，向太公请教可以明确传给子孙的治国之道，所以叫“明传”。文王提出的问题是先圣治国过程中废弃和提倡的道义，太公则从正反两个方面进行阐述，首先阐述了会导致国家衰亡而应当废弃的三种行为，即“见善而怠，时至而疑，知非而处”；随后阐述了可让国家兴盛而应当提倡的四种修养，即“柔而静，恭而敬，强而弱，忍而刚”；最后点出义、欲、敬、怠对国家兴衰起到的不同作用。

文王寝疾①，召太公望，太子发在侧②。曰：“呜呼！天将弃予，周之社稷将以属汝③。今予欲师至道之言，以明传之子孙。”

太公曰：“王何所问？”

文王曰：“先圣之道，其所止，其所起，可得闻乎？”

太公曰：“见善而怠，时至而疑，知非而处，此三者，道之所止也。柔而静，恭而敬，强而弱，忍而刚，此四者，道之所起也。故义胜欲则昌，欲胜义则亡；敬胜怠则吉④,怠胜敬则灭。”

〔注释〕

①寝疾:卧病。

②发:文王次子,名发。文王死后,继位为君,攻灭商纣王,建立周朝,庙号武王,史称周武王。

③社稷:古代国家的代称。社本为土地神,稷本为谷物神,中国古代是典型的农业社会,为了祈求风调雨顺、五谷丰登,君王都要定期祭祀社神和稷神,社稷也就成了国家的代称。属(zhǔ):托付。

④敬:严肃慎重。怠:懈怠,倦怠。

〔译文〕

文王卧病在床,召见太公,太子发也在病床旁边。文王道:“唉!上天将要结束我的寿命了,周国的社稷大业就要托付给您了。现在我想听您讲讲师法极致的治国之道,以便明确地传给子孙后代。”

太公道:“君王想问什么?”

文王道:“古代圣贤的治国之道,废弃了哪些,又提倡了哪些,您能讲给我听吗?”

太公道:“见到善事却懈怠不做,时机来临却疑惑不决,明知有错却安然处之,这三种情况,就是先圣治国所废弃的。柔和而清静,谦恭而敬谨,强大而示弱,隐忍而刚强,这四种情况,就是先圣治国所提倡的。所以,正义胜过私欲,国家就会昌盛;私欲胜过正义,国家就会衰亡;敬谨胜过懈怠,国家就会吉祥;懈怠胜过敬谨,国家就会灭亡。”

六守第六

〔题解〕

本篇从文王“失去国家及民众的原因”这一问题领起，太公认为臣民使用不当及重要行业失控是其缘由，并提出“六守”及“三宝”两个概念。随后，太公具体论述了选拔人才的六条标准：仁、义、忠、信、勇、谋，并进一步阐述应该通过富之、贵之、付之、使之、危之、事之等六种手段来考察人才，以便知其人是否符合这六条标准。最后，太公具体论述了“三宝”，即关乎国家命脉的三个行业，并指出国君必须掌控农、工、商这三大支柱。

文王问太公曰：“君国主民者，其所以失之者何也？”

太公曰：“不慎所与也①。人君有六守、三宝②。”

文王曰：“六守者何也？”

太公曰：“一曰仁，二曰义，三曰忠，四曰信，五曰勇，六曰谋，是谓六守。”

文王曰：“慎择六守者何？”

太公曰：“富之而观其无犯，贵之而观其无骄，付之而观其无转，使之而观其无隐，危之而观其无恐，事之而观其无穷。富之而不犯者，仁也；贵之而不骄者，义也；付之而不转者，忠也；使之而不隐者，信也；危之而不恐者，勇也；事之而不穷者，谋也。人君无以三宝借人，借人则君失其威。”

文王曰：“敢问三宝？”

太公曰：“大农、大工、大商③，谓之三宝。农一其乡④则谷足，工一其乡则器足，商一其乡则货足。三宝各安其处，民乃不虑。无乱其乡，无乱其族。臣无富于君，都无大于国⑤。六守长，则君昌；三宝完，则国安。”

〔注释〕

①不慎所与也：用人不谨慎而造成的。与，给予，托付，引申为任用人才。

②六守：守，遵守，信守。此处指臣民所应信守的六种品德，也是任用人才的六条标准。三宝：关系国家经济命脉的三件大事。

③大农、大工、大商：在农、工、商前面加“大”表示强调，即农业、手工业和商业。

④农一其乡：将农民聚集在乡里。乡：行政区划单位，一万两千五百户为一乡。

⑤都：大城邑，《左传·庄公二十八年》：“邑有宗庙先君之主曰都。”国：先秦汉语中指国都。

〔译文〕

文王问太公道：“统治国家管理民众的君主，失去国家及民众的原因是什么?”

太公答道:“那是没有谨慎用人造成的。君主应该做到六守、三宝。”

文王问道:“什么是六守?”

太公答道:“一是仁爱,二是正义,三是忠诚,四是诚信,五是勇敢,六是智谋,这就是六守。”

文王问道:“如何审慎选择符合六守标准的人才呢?”

太公答道:“使他富有,以考验他是否逾越本分;使他尊贵,以考验他是否骄傲专横;委以重任,以考验他是否坚定不移;使他处事,以考验他是否隐瞒欺骗;使他危难,以考验他是否临危不惧;使他从政,以考验他是否良策无穷。富有而不逾本分的,是仁爱之人;尊贵而不骄横的,是正义之人;肩负重任而能坚定不移去完成的,是忠诚之人;处理事务而不隐瞒欺骗的,是诚信之人;身处危难而无所畏惧的,是勇敢之人;处理政务而良策无穷的,是智谋之人。君主不要丧失对三宝的控制,如果由他人控制,君主就会丧失权威。”

文王问道:“请问三宝是什么?”

太公答道:“大农、大工、大商叫作三宝。把农民组织起来聚居在乡里进行农事生产,粮食就会充足;把工匠组织起来聚居在乡里进行器具制造,器具就会充足;把商贾组织起来聚居在乡里进行商品贸易,财货就会充足。让这三大行业各安其业,民众就不会焦虑。不应打乱这种地域结构,不要破坏居民的家族组织。不让臣民比君主富裕,不让城邑比都城宏大。六守长久坚持,君主的事业就能昌盛发达;三宝完善齐备,国家就会长治久安。”

守土第七

〔**题解**〕

本篇论述的是守卫国土的策略。太公具体阐述为以下几点:对内不疏远宗族,不怠慢臣民;对外安抚近邻,控制四方。政权上,不要把治国大权委托他人,要谨慎把握行动良机,特别是注意防微杜渐,将危险扼杀在萌芽中。经济上,要富国裕民,以此才可以施行仁政、团结宗亲。最后太公诠释了"仁义",指出应以仁义敬众、合亲,这样就能达到"天下和服"的政治目标。

文王问太公曰:"守土奈何?"

太公曰:"无疏其亲,无怠其众,抚其左右,御其四旁。无借人国柄,借人国柄,则失其权。无掘壑而附丘①,无舍本而治末。日中必彗②,操刀必割,执斧必伐。日中不彗,是谓失时;操刀不割,失利之期;执斧不伐,贼人将来。涓涓不塞③,将为江河;荧荧不救④,炎炎奈何;两叶不去,将用斧柯。是故人君必从事于富,不富无以为仁,不施无以合亲。疏其亲则害,失其众则败。无借人利器⑤,借人利器则为人所害,而不终其正也⑥。"

文王曰:“何谓仁义?”

太公曰:“敬其众,合其亲。敬其众则和,合其亲则喜,是谓仁义之纪⑦。无使人夺汝威,因其明,顺其常。顺者任之以德,逆者绝之以力。敬之无疑,天下和服。”

〔注释〕

①无掘壑而附丘:不要挖掘深谷的土而将其增加到土丘之上,此处引申为不要损下而益上。

②彗:通“熭(wèi)”,曝晒。《陈政事疏》:“黄帝曰:‘日中必熭,操刀必割。’”可见此二句为古代格言,《六韬》与《陈政事疏》都有所引用。

③涓涓不塞:细小的河流不加堵塞。《荀子·法行》引《诗经》曰:“涓涓源水,不雝不塞。”雝,同“雍”,堵塞。

④荧荧:极其微弱的火光。

⑤利器:锐利的兵器,此处引申为国家权力。

⑥此句有版本作“而不终其世”,意为最终身死国灭。

⑦纪:纲纪,基本准则。

〔译文〕

文王问太公道:“如何才能守卫国土呢?”

太公答道:“不可疏远您的宗族,不可怠慢您的民众,安抚左右近邻,控制天下四方。不要把治国大权委托他人,大权委托他人,君主就会失去权力。不要挖掘沟壑去堆积土丘,不要舍弃根本去追求末节。烈日当空定要抓紧时机曝晒,操起小刀定要抓紧时机宰割,执起斧钺定要抓紧时机砍伐。正午阳光充足而不曝晒,就是失掉天时;拿起刀子不宰割,就是丧失有利时机;手执斧钺不砍伐,敌人就会反身来袭。涓涓细流如不堵塞,将会汇成滔滔江河;微弱的火星如不扑灭,将成为熊熊烈火而无可奈何;草木初生时如不及时除去,长成大树便需要斧头砍伐才行。所以,君主必须努力使国家变得富足,不富足就不能施行仁政,不施行仁政就不能使宗亲紧密团结。疏远宗亲就会带来祸患,失去民众就会失败衰亡。不要把统治国家的权力交给别人,统治权力交给别人,就会被人所害,国家大政也无法一贯施行了。”

文王问道:“什么是仁义呢?”

太公答道:“尊重臣民,团结宗亲。尊重臣民就会上下和睦,团结宗亲就会皆大欢喜,这就是施行仁义的准则。不要让人篡夺你的权威,要根据自己的明察,顺应常理。对于顺从自己的人,要施予恩惠任用他;对于反对自己的人,就动用武力消灭他。慎重遵循上述原则而毫不迟疑,天下自然就和顺地臣服于您了。”

守国第八

〔题解〕

本篇围绕文王提出的“如何守护国家”这一问题展开。鉴于守护国家问题极其重要,文王斋戒七天,并以弟子之礼虚心倾听。太公首先阐明应根据万物生长的规律来治理民众,四时不同,处理方式也不同,圣人所处的位置和角色也不同。接下来,太公论述了在天下动荡时,仁君应采取“发之以其阴,会之以其阳”的策略,面对社会动乱,应发动战争以平息动乱,做到力挽狂澜,这样就会夺取天下,“天下和之”,真正实现守护国家。

文王问太公曰:“守国奈何?”

太公曰:“斋,将语君天地之经[①],四时所生,仁圣之道,民机之情。”

王即斋七日,北面再拜而问之[②]。

太公曰:“天生四时,地生万物,天下有民,仁圣牧之[③]。故春道生,万物荣;夏道长,万物成;秋道敛,万物盈;冬道藏,万物寻[④]。盈则藏,藏则复起,莫知所终,莫知所始。圣人配之[⑤],以为天地经纪。故天下治,仁圣藏；天下乱，仁圣昌，至道其然也。圣人之在天地间也，其宝固大矣。因其常而视之，则民安。夫民动而为机，机动而得失争矣。故发之以其阴，会之以其阳⑥。为之先唱，天下和之。极反其常，莫进而争，莫退而让。守国如此，与天地同光。”

〔注释〕

①将语(yù)君天地之经：将会告诉您天地运行的规律。经，常道，通理，一般规律。

②北面再拜而问之：朝北向太公拜了两次才进行问询。北面，卑者所坐位置。古代位次，尊者坐北朝南，称南面，卑者坐南朝北，称北面。此时文王虽为王，但因太公要向其传授重要方略，故文王斋戒之后，以卑者座次并施以两拜，用弟子敬师之礼以示虔敬。

③牧：治理，管理。《管子·牧民》“凡有地牧民者，务在四时，守在仓廪”的“牧”也是治理之意。

④寻：寻求归宿。一作“静”。

⑤圣人配之：圣人参照仿效这样的自然规律。配，匹配，仿效。

⑥发之以其阴，会之以其阳：发，发动。阴，暗处。会，把握时机。阳，明处。此二句意为在暗处秘密地发动力量，抓住时机，在明处把握机会，取得成功。

〔译文〕

文王问太公道：“怎样才能守护国家呢？”

太公答道：“请您先行斋戒，然后我将会告诉您天地运行的规律，四季产生的规律，圣贤的治国道理，民心转变的根源。”

文王于是斋戒七天，以弟子之礼朝北拜了两次才向太公请教。

太公说："上天产生四时，大地产生万物，天下的民众，由仁人圣贤治理。所以春天之道是滋生，万物欣欣向荣；夏天之道是成长，万物走向成熟；秋天之道是收获，万物都富裕饱满；冬天之道是贮藏，万物寻求归宿。万物成熟就应贮藏，贮藏之后则又重新滋生，如此周而复始、循环往复，既无终点也无起点。圣人参照仿效这样的自然规律，作为治理天下的普遍法则。所以天下太平时，仁人圣君就藏匿不露；天下动乱时，仁人圣君就奋起建功，这是必然的规律。圣人处于天地之间，最重要的事就是固守天道规律。圣人遵循常理治理天下，民众就安定。民心不定，便会成为动乱发生的契机，契机出现，就会因得失而引起争执。所以，圣人在暗处秘密地发动力量，抓住时机，在明处把握机会成功。首先倡导除乱安民，天下必然普遍响应。事情发展到极端便会恢复正常，既不要激进争功，也不需过分退让。这样守国，便可与天地共存，与日月同辉了。"

上贤第九

〔题解〕

上贤，就是让贤者居于国家的上位，即尊重德才兼备之人。太公首先提出君主应该以德才兼备之人居上位，以无德无才之人居下位，任用诚信之人，摒弃奸诈虚伪之人，严禁暴虐行为，制止奢侈风气。随后便提出君主应当警惕的“六贼”“七害”，并具体阐述“伤王之德”“伤王之化”“伤王之权”“伤王之威”“伤功臣之劳”“伤庶人之业”的“六贼”，然后又有针对性地指出对“七害”应采用的“勿使为将”“勿与谋”“勿近”“勿宠”“勿使”“禁之”以及“止之”等方法。

文王问太公曰：“王人者何上何下[①]？何取何去？何禁何止？”

太公曰：“王人者上贤，下不肖，取诚信，去诈伪，禁暴乱，止奢侈。故王人者有六贼七害。”

文王曰：“愿闻其道。”

太公曰：“夫六贼者：一曰臣有大作宫室池榭，游观倡乐者，伤王之德；二曰民有不事农桑，任气游侠[②]，犯历法禁[3]，不从吏教者，伤王之化；三曰臣有结朋党，蔽贤智，障主明者，伤王之权；四曰士有抗志高节[4]，以为气势，外交诸侯，不重其主者，伤王之威；五曰臣有轻爵位，贱有司，羞为上犯难者，伤功臣之劳；六曰强宗侵夺，陵侮贫弱者，伤庶人之业。

“七害者：一曰无智略权谋，而以重赏尊爵之故，强勇轻战，侥幸于外[5]，王者慎勿使为将；二曰有名无实，出入异言[6]，掩善扬恶，进退为巧，王者慎勿与谋；三曰朴其身躬，恶其衣服，语无为以求名，言无欲以求利，此伪人也，王者慎勿近；四曰奇其冠带[7]，伟其衣服，博闻辩辞，虚论高议，以为容美，穷居静处，而诽时俗，此奸人也，王者慎勿宠；五曰谗佞苟得，以求官爵，果敢轻死，以贪禄秩，不图大事，得利而动，以高谈虚论说于人主，王者慎勿使；六曰为雕文刻镂，技巧华饰，而伤农事，王者必禁之；七曰伪方异伎[8]，巫蛊左道[9]，不祥之言，幻惑良民，王者必止之。

“故民不尽力，非吾民也；士不诚信，非吾士也；臣不忠谏，非吾臣也；吏不平洁爱人，非吾吏也；相不能富国强兵，调和阴阳，以安万乘之主[10]，正群臣，定名实，明赏罚，乐万民，非吾相也。夫王者之道如龙首[11]，高居而远望，深视而审听，示其形，隐其情，若天之高不可极也，若渊之深不可测也。故可怒而不怒，奸臣乃作；可杀而不杀，大贼乃发；兵势不行，敌国乃强。”

文王曰:“善哉!”

〔注释〕

①王(wàng)人者何上何下:统治百姓的君主,应该让什么人居上位,什么人居下位。王人者,统治他人的人,即君主。

②任气游侠:意气用事,游侠四方。任气,负气,任性,意气用事。游侠,指古代爱好交游,勇于急人之难的侠士,这类人虽轻生重义,但往往以武力触犯法律,《史记》有《游侠列传》,专记此类人物。

③犯历法禁:违反法令条规。历,超越,此处有触犯之意。

④抗志高节:高扬志向节操,认为自己的志向高远、气节高尚。

⑤侥幸于外:企望在战争中侥幸取胜。外,战场。

⑥出入异言:言行不一,当面一套,背后一套。

⑦奇其冠带:穿着打扮奇特。冠带,帽子与腰带,古代男子成年后要戴帽子,束腰带,于是“冠带”便泛指衣着打扮。

⑧伪方异伎(jì):用以骗人没有实效的方术。方,指方术。伎,同“技”。方技指医药、养生、占卜、星相等类技术。《汉书·艺文志》将方技类图书概括为医经、经方、房中和神仙四种。本句中的“伪方”则指用来骗人的方术。

⑨巫蛊(gǔ)左道:毒害人的巫术邪道。蛊,一种人工培养的毒虫,用来害人,人不能知。巫蛊即指使用巫术加害他人。左道,歪门邪道。

⑩万乘(shèng)之主:拥有一万辆战车的君主,意指大国君主。

⑪王者之道如龙首:作为君主,要像龙头一样,高居九天之上。龙首,龙头。

〔译文〕

文王问太公道:“作为君主,应该让什么人居上位,什么人居下位？任用什么人，摒弃什么人？什么事应该严禁，什么事应废止？”

太公答道：“作为君主，应该以德才兼备之人居上位，以无德无才之人居下位，任用诚信之人，摒弃奸诈虚伪之人，严禁暴虐行为，废止奢侈风气。所以君主应当警惕六贼、七害。”

文王道：“我愿意听听这些道理。”

太公道：“所谓六贼：一是臣民中有人大兴土木，修建宫室台池亭榭，以供游乐观赏的，就会损害君主的德行；二是民众中有不从事农桑生产，意气用事，游侠四方，违犯法令，不服从官吏管教的，就会损害君主的教化；三是臣民中有结党营私，排挤贤智，蒙蔽君主视听的，就会损害君主的权力；四是士人中认为自己的志向高远、气节高尚，并以此造势，在外结交诸侯，不尊重君主的，就会损害君主的权威；五是臣民有轻视爵位，藐视上级，耻于为君主冒险犯难的，就会损害功臣的功勋；六是强宗大族侵占掠夺，欺压贫弱的，就会损害百姓的生计。

“所谓七害：一是没有智略权谋，为了获得高官厚禄，而恃勇强横，轻率赴战，期望求得侥幸战功的，君主切勿任用这种人当将帅；二是徒有虚名而无实才，言行不一，掩盖别人的优点，强调别人的缺点，到处钻营取巧的，君主必须慎重，不要同这种人共谋大事；三是外表朴实，衣着粗劣，自称无为，实是沽名，自称无欲，实是图利，这是虚伪之人，君主必须慎重，切勿同他亲近；四是冠带奇特，衣着华丽，博闻善辩，高谈空论，以美化自身形象，身居偏僻简陋之处，专门诽谤时俗，这是邪恶奸诈之人，君主必须慎重，切勿宠用；五是谗言谄媚，不择手段，以求加官晋爵，鲁莽轻率不惜性命，一心贪图俸禄，不顾大局，见利妄动，以高谈阔论取悦君主，对这种人必须慎重，君主切勿任用；六是从事雕文刻镂，追求技艺精湛、装饰华美，以致妨害农业生产的，君主必须加以禁止；七是用骗人的方术，奇特的技艺，用巫术邪道、符咒妖言，迷惑欺骗善良民众的，君主必须加以制止。

“所以民众不尽力从事耕作，就不是我的百姓；士人不忠诚守信，就不是我的士人；大臣不直言进谏，就不是我的臣子；官吏不公平廉洁爱护人民，就不是我的官吏；为相者不能富国强兵，调和各种矛盾，确保君主地位稳固，归正群臣，核查名实，赏罚分明，使民众安居乐业，就不是我的相。作为君主，要像龙头一样，高居九天之上，高瞻远瞩，洞察一切，深刻观察问题，审慎听取意见，显现自己的身形，隐藏自己的实情。像天空那样高而不可穷极，像深渊那样深而不可测量。因此，君主应该愤怒的时候而不愤怒，奸臣就会兴风作浪；应该杀戮的时候而不杀戮，祸国之人就会制造动乱；应该讨伐的时候而不讨伐，敌国就会强大起来。”

文王说：“说得好啊！”

举贤第十

〔题解〕

本篇继续论述如何选用贤人的问题。首先阐明“举贤而不获其功”导致“世乱愈甚以致危亡”的原因在于“举贤而不用”，“有举贤之名而无用贤之实”。造成这种局面的根本原因是用世俗标准取人，因此难以得到真正的人才，而解决问题的办法就是在将相分职的前提下，“按名督实，选才考能，令实当其名，名当其实”，按照司职考察贤人的实质和能力，才能真正做到名副其职。

文王问太公曰：“君务举贤而不获其功，世乱愈甚以致危亡者，何也？”

太公曰：“举贤而不用，是有举贤之名而无用贤之实也。”

文王曰：“其失安在？”

太公曰：“其失在君好用世俗之所誉[1]，而不得真贤也。”

文王曰：“何如？”

太公曰："君以世俗之所誉者为贤，以世俗之所毁者为不肖，则多党者进[2]，少党者退。若是则群邪比周而蔽贤[3]，忠臣死于无罪，奸臣以虚誉取爵位，是以世乱愈甚，则国不免于危亡。"

文王曰："举贤奈何？"

太公曰："将相分职，而各以官名举人，按名督实，选才考能，令实当其名，名当其实，则得举贤之道也。"

〔注释〕

①世俗：指一般平常、凡庸的人，或指在当时社会上流行的言论或学说。《商君书·更法》："子之所言，世俗之言也。"

②党：党羽，意见相合的人或由私人利害关系结成的团体。

③比周：串通勾结，结党营私。《论语·为政》："君子周而不比，小人比而不周。""比周"连用，义同"比"，指结党营私。《荀子·臣道》："朋党比周，以环主图私为务。"《韩非子·初见秦》："天下又比周而军华下。"《六韬·举贤》此句中的"比"，原讹"此"，本句中"比周"与"蔽贤"相对，两个词语的首字均应为动词，故从他本作"比"。

〔译文〕

文王问太公道："君主致力于举用贤能，但却不能获得功效，社会越来越动乱，以致国家陷于危亡，这是为什么呢？"

太公答道："选拔出贤能而不任用，这是有举贤的虚名，而没有用贤的实际。"

文王问道："导致这种过失的原因在哪里呢？"

太公答道："过失在于君主喜欢任用世俗所称赞的人，而没有得到真正的贤人。”

文王问道:“为什么这样说?”

太公答道:“君主以世俗所称赞的人为贤人,以世俗所诋毁的人为不肖之徒,所以党羽多的人就会得以进用,党羽少的人就会被排斥。如此,邪恶之人就会结党营私而遮蔽贤人,忠臣无罪而被置于死地,奸臣凭借虚名骗取爵位,所以社会越发混乱,国家也就不能免于灭亡了。”

文王问道:“应该如何举贤?”

太公答道:“将与相各司其职,应根据不同官吏司职选拔贤人,根据官吏职责考核其政绩,选拔人才,考察能力,使官员的实际能力与官位相称,这样就掌握举贤的方法了。”

赏罚第十一

〔题解〕

本篇首先阐明赏罚的目的在于鼓励善行、惩戒恶行。以此为目的,必须坚持奖赏贵在信守承诺,惩罚贵在言之必行的道理,如此则可以播撒赏罚的原则,也可以让民众充分感受赏罚时的诚信,受到感化而发生改变。

文王问太公曰:"赏所以存劝①,罚所以示惩。吾欲赏一以劝百,罚一以惩众,为之奈何?"

太公曰:"凡用赏者贵信,用罚者贵必②。赏信罚必于耳目之所闻见,则所不闻见者,莫不阴化矣③。夫诚畅于天地,通于神明,而况于人乎?"

〔注释〕

①劝:鼓励、劝勉。

②必:一定施行,即言出必行。

③阴化:暗中受到感化而发生变化。

〔译文〕

文王问太公道:“奖赏是用来鼓励人的,惩罚是用来警诫人的,我想用奖赏一人来鼓励大多数的人,惩罚一人以警诫大众,应该怎么办呢?”

太公答道:“奖赏贵在信守承诺,惩罚贵在言之必行。奖赏守信、惩罚必行是人们能听到和看到的,即使是没听到或看到,也都会在暗中受到感化而发生改变。诚信能畅通于天地之间,通灵于神明,更何况是对人呢?”

兵道第十二

〔题解〕

本篇论述了用兵作战的原则,首先是“凡兵之道,莫过乎一”,即用兵要集中指挥,如果指挥统一,军队就能不受限制,达到“阶于道,几于神”的境界。其次是充分认识存、亡、乐、殃的对立统一和互相转化关系,讲求机动灵活。再次是两军相遇、势均力敌,要迷惑敌人,声东击西。最后是强调兵贵神速的道理,察明敌军状况,抓住有利战机,出其不意地施以打击。

武王问太公曰:“兵道如何?”

太公曰:“凡兵之道,莫过乎一①。一者能独往独来。黄帝曰②:‘一者阶于道③,几于神④。’用之在于机,显之在于势,成之在于君。故圣王号兵为凶器⑤,不得已而用之。今商王知存而不知亡⑥,知乐而不知殃。夫存者非存,在于虑亡;乐者非乐⑦,在于虑殃。今王已虑其源,岂忧其流乎?”

武王曰:“两军相遇,彼不可来,此不可往,各设固备,未敢先发,我欲袭之,不得其利,为之奈何?”

太公曰："外乱而内整，示饥而实饱，内精而外钝。一合一离，一聚一散。阴其谋，密其机，高其垒，伏其锐士，寂若无声，敌不知我所备，欲其西，袭其东⑧。"

武王曰："敌知我情，通我谋，为之奈何？"

太公曰："兵胜之术，密察敌人之机，而速乘其利，复疾击其不意⑨。"

〔注释〕

①一：统一，一致，军事指挥权的集中统一。

②黄帝：上古传说中的帝王，姬姓，在战国时期大一统思潮中，黄帝最受尊奉，成为天下共同尊奉的始祖神，《史记》首篇《五帝本纪》开篇即从黄帝开始记述。黄帝常与炎帝合称为"炎黄"，又与老子合称为"黄老"。

③一者阶于道：一来源于道，此句中指上下一心，掌握了用兵的规律。《老子》有"道生一，一生二，二生三，三生万物"的思想，与此相似。《六韬》作者假借黄帝之口，既表明了道家主张，也深刻凝练了自身"贵一"的兵学思想。

④几于神：接近用兵如神的境界。几，接近，《老子》"上善若水，水善利万物而不争，处众人之所恶，故几于道"中的"几"也是接近的意思。

⑤凶器：不祥之物。《老子》"兵者不祥之器，非君子之器，不得已而用之"的表述与此句相似。

⑥商王：商代帝王，此句中指商代末代君王帝辛，即商纣王。商代帝王的世系见于传世文献《史记·殷本纪》，后得到出土文献特别是甲骨卜辞的证明。

⑦乐(lè)者非乐(lè)：享乐并非永远享乐。

⑧欲其西，袭其东：后世兵法中的"声东击西"或来源于此。唐代杜佑所编典章制度专书《通典·兵典六》有"声言击东，其实击西"之语，与此句

义近。

⑨而速乘其利，复疾击其不意：《六韬·临境》有“发我锐士，潜袭其中，出其不意，攻其无备”，《孙子兵法·计》有“兵者诡道也，故能而示之不能，用而示之不用，近而示之远，远而示之近……攻其无备，出其不意”，均与本句表述类似。

〔译文〕

武王问太公道：“用兵作战的原则是什么？”

太公答道：“大凡用兵的原则，没有比指挥上的高度统一更重要的了。指挥统一，军队就能不受限制。黄帝说：‘统一指挥是用兵规律的基础，做到了便接近用兵如神的境界。’运用统一指挥原则的关键在于把握时机，显示统一指挥原则的关键在于利用态势，成功利用统一指挥原则的关键在于君主。所以古代圣王称兵器为凶器，不得已之时才使用它。现在商纣王只知道自己国家的存在，而不知道国家已潜伏危险，只知道纵情享乐，而不知道他已面临灾祸。国家的存在并非会永远存在，而在于是否考虑到灭亡；君主的享乐也并非能永远享乐，而在于是否考虑到灾祸。现在大王您已考虑到这一根本问题，为什么还忧虑枝节的问题呢？”

武王问道：“两军相遇，敌军不能来进攻我军，我军也不能去攻打敌军，敌我都守备坚固，谁都不敢率先发起攻击，我想袭击敌军，找不到有利条件，应该怎么办呢？”

太公答道：“要表面上伪装成很混乱但实际内部严整有序，表面上伪装成很缺粮但实际供给充足，实际兵强马壮但却伪装成士卒疲敝。军队或合或离，或聚或散，使谋略隐藏在暗处，使意图保守为机要,高筑壁垒,埋伏精锐,寂静无声,使敌人无从知晓我军的兵力状况,想要从西边进行攻击,则从东边发起佯攻。"

武王问道:"如果敌军知道了我军情况,通晓了我军计谋,该怎么办?"

太公答道:"取得作战胜利的方法,在于周密地察明敌军机要,抓住有利战机,急速且出其不意地对敌军施以打击。"

卷二　武韬

发启第十三

〔题解〕

本篇论述夺取天下的策略，开篇论述伐商时机是否成熟的问题，太公认为应结合“天道”和“人道”以及“心”“意”“情”等各方面，正确认识殷商现有战略形势。其次，太公强调“全胜不斗，大兵无创”的观点，认为达到兵道的高超境界，是“无甲兵而胜，无冲机而攻，无沟堑而守”。再次，太公强调夺取天下必须收揽民心，与民同利，让天下人获利而不受到掠夺，并重申了《文师》“天下非一人之天下，乃天下之天下也”的观念。最后，太公主张，作为圣人，要隐藏自身战略意图，以愚钝的姿态面对殷商亡国的征兆，顺应时势，以大明、大义和大兵讨伐殷商，夺取天下。

文王在丰①，召太公曰：“呜呼！商王虐极，罪杀不辜，公尚助予忧民②，如何？”

太公曰：“王其修德，以下贤惠民，以观天道③。天道无殃，不可先倡；人道无灾，不可先谋。必见天殃，又见人灾，乃可以谋。必见其阳，又见其阴，乃知其心；必见其外，又见其内，乃知其意；必见其疏，又见其亲，乃知其情。行其道，道可致也[4]；从其门[5]，门可入也；立其礼[6]，礼可成也；争其强，强可胜也。全胜不斗，大兵无创，与鬼神通。微哉！微哉！

〔注释〕

①丰：一作“酆”，常被称作“丰邑”或“丰京”，周文王伐崇后自岐迁此，周武王又建镐京，故丰与镐同为西周国都。丰，在今陕西省西安市长安区西南沣河以西。

②尚：语气副词，表示祈求。《尚书·汤誓》载：“尔尚辅予一人。”

③天道：自然规律，古人以日月星辰等气象变化推测人事吉凶的观念，在此句中指天命。

④行其道：施行吊民伐罪之道。

⑤门：做事的关键。

⑥礼：为政治服务的社会礼仪。

〔译文〕

周文王在丰邑召见太公，对他说：“唉！商纣王暴虐到了极点，任意加罪、杀害无辜的人，恳请您辅助我拯救民众，您看该怎么做？”

太公答道：“君主应修养品德，礼贤下士，施恩惠于民众，以观察天道昭显的迹象。当天道还没有灾祸征兆时，不可首先倡导征讨。当人道没有出现灾祸时，不可首先谋划平乱。必须看到既出现了天灾，又发生了人祸，才可以谋划兴师征伐。既看到商王的公开言行，又了解他的秘密活动，才能知道他的真实心意；既看到商王的外在表现，又了解他的内在动机，才能知道他的真实意图；既看到商王疏远什么人，又了解他亲近什么人，才能知道他的真实情感。实行吊民伐罪之道，政治理想便可实现；遵循正确的方法，胜利之门才可进入；建立适当的礼仪，制度才可成功；争强不息，才可战胜强大的敌人。取得全胜而无须战斗，大军临敌而没有伤亡，简直是与鬼神相通、用兵如神了。微妙啊！微妙啊！

“与人同病相救，同情相成，同恶相助，同好相趋。故无甲兵而胜，无冲机而攻①，无沟堑而守。大智不智，大谋不谋，大勇不勇，大利不利②。利天下者，天下启之；害天下者，天下闭之。天下者非一人之天下，乃天下之天下也。取天下者，若逐野兽，而天下皆有分肉之心。若同舟而济，济则皆同其利，败则皆同其害。然则皆有启之，无有闭之也。无取于民者，取民者也；无取于国者，取国者也；无取于天下者，取天下者也。无取民者，民利之；无取国者，国利之；无取天下者，天下利之。故道在不可见，事在不可闻，胜在不可知。微哉！微哉！

〔注释〕

①冲机：泛指战略装备。冲，攻城的战车。机，弓弩上发射箭矢的机关。

②大利不利：真正谋求大利的人，大家看不见他的利益。此四句话中与《老子》“大方无隅，大器晚成，大音希声，大象无形”“大直若屈，大巧若

拙，大辩若讷”等道家辩证的观点类似。

〔译文〕

“能与人同病相怜而相互救助，意愿相投而相互保全，憎恶相同而相互帮助，爱好相近而有共同追求。所以即使没有全副武装的军队也能取胜，没有冲车机弩的装备也能进攻，没有壕沟壁垒也能防守。真正的智慧不显现出智慧，真正的谋略不显现出谋略，真正的勇敢不显现出勇敢；真正的利益不显现出利益。为天下人谋利益的，天下人敞开大门欢迎他；让天下人受害的，天下人都紧闭大门反对他。天下不是一个人的天下，而是所有人的天下。夺取天下，就像捕杀野兽一般，天下所有人都有分享猎物的欲望。也像同坐一条船渡河一样，渡河成功，大家都得到利益，失败了，大家都受到损害。既然这样，天下人就都欢迎他，而不是反对他。不夺取民众利益的人，却能从民众那里获得利益；不掠夺他国利益的人，却能从他国那里获得利益；不掠夺天下利益的人，却能从天下获得利益。不掠取民众利益，民众拥护他；不掠取别国利益，别国归附他；不掠夺天下利益，天下拥护他。所以要夺取天下，谋略要使人看不见，实施要使人听不到，胜利要使人不可知。微妙啊！微妙啊！

“鸷鸟将击①，卑飞敛翼；猛兽将搏，弭耳俯伏；圣人将动，必有愚色②。今彼殷商，众口相惑，纷纷渺渺③，好色无极，此亡国之征也。吾观其野，草菅胜谷④；吾观其众，邪曲胜直⑤；吾观其吏，暴虐残贼。败法乱刑，上下不觉,此亡国之时也。大明发而万物皆照,大义发而万物皆利,大兵发而万物皆服。大哉,圣人之德,独闻独见。乐哉!”

〔注释〕

①鸷(zhì)鸟:鹰、雕之类凶猛的飞禽。

②愚色:愚钝、笨拙的样子。

③纷纷渺渺:纷纷,纷杂混乱。渺渺,无穷无际,没有止境。

④草菅(jiān):野草。

⑤邪曲:品行不正的人。《荀子·非相》:“乡乎邪曲而不迷,观乎杂物而不惑。”《史记·屈原贾生列传》:“邪曲之害公也,方正之不容也。”

〔译文〕

“鸷鸟将要发起袭击时,必先低飞收翅;猛兽将要搏斗时,必先贴耳伏地;圣贤将要行动时,必先表现得愚钝笨拙。现在的商朝,上下欺瞒,混乱不已,纣王荒淫无度,这是国家覆亡的征兆。我观察殷商田野,野草胜过了庄稼;我观察殷商民众,奸邪之徒压倒了忠直之士;我观察殷商官吏,凶残暴虐。破坏法律,扰乱刑制,朝野上下却浑然不知,这是到了亡国的时候了。日月当空可以普照万物,正义兴起可以万物受益,大军发动可以天下顺服。伟大啊,圣人的道德,独到见解,超群脱俗。欢乐啊!”

文启第十四

〔**题解**〕

本篇阐明了要使国家长治久安，必须实行无为而治的政策。开篇先从圣人治理天下应恪守什么准则的问题领起，太公强调"政之所施，莫知其化；时之所在，莫知其移"，认为只要顺乎自然、合乎人心，便可长治久安。同时，应教化民众，进行"群曲化直"的工作。在此过程中，应先端正自身，并因势利导，教化人心，同时减少刑罚。如此"无为而成事"，便会出现"各乐其所，人爱其上"的局面。本篇与前篇《发启》相比，道家思想的色彩更为浓重，阐述的圣人之道带有强烈的自然和无为的道家味道。

文王问太公曰："圣人何守？"

太公曰："何忧何啬，万物皆得；何啬何忧[1]，万物皆遒[2]。政之所施，莫知其化；时之所在，莫知其移。圣人守此而万物化，何穷之有，终而复始。优之游之[3]，展转求之。求而得之，不可不藏；既以藏之，不可不行；既以行之，勿复明之。夫天地不自明，故能长生；圣人不自明，故能名彰。

"古之圣人,聚人而为家,聚家而为国,聚国而为天下。分封贤人以为万国,命之曰大纪[4]。陈其政教,顺其民俗,群曲化直,变于形容[5]。万国不通,各乐其所,人爱其上,命之曰大定。呜呼!圣人务静之,贤人务正之。愚人不能正,故与人争。上劳则刑繁,刑繁则民忧,民忧则流亡。上下不安其生,累世不休,命之曰大失。天下之人如流水,障之则止,启之则行,静之则清。呜呼,神哉!圣人见其所始,则知其所终。"

文王曰:"静之奈何?"

太公曰:"天有常形[6],民有常生[7]。与天下共其生,而天下静矣。太上因之,其次化之。夫民化而从政,是以天无为而成事,民无与而自富,此圣人之德也。"

文王曰:"公言乃协予怀[8],夙夜念之不忘,以用为常。"

〔注释〕

①何啬何忧:既不吝惜什么,也不忧虑什么。本句,银雀山汉简《六韬》作"何穑何爱",汉简整理小组认为传世本《六韬》讹"爱"为"憂(忧)"。

②遒(qiú):强劲,此处指繁荣生长。本句,银雀山汉简《六韬》作"万□皆费",汉简整理小组认为传世本《六韬》因上句讹为"爱",为合于音韵,将本句中的"费"改为"遒"。

③优之游之:悠闲自得的样子。《史记·孔子世家》:"优哉游哉,维以卒岁。"

④大纪：最高的法纪、准则。

⑤变于形容：改变体现在人民的体貌容颜上。形容，形象。

⑥常形：自然运行的常规。

⑦常生：生活规律的常态。

⑧公言乃协予怀：您的话深合我意。协，融洽，符合。予，我。

〔译文〕

文王问太公道："圣人治理天下应恪守什么准则？"

太公答道："无须忧虑什么，也无须吝惜什么，天下万物就能各得其所；无须吝惜什么，也无须忧虑什么，天下万物就会繁荣生长。政令的施行，要使民众感受不到他的教化，就像四时的存在，没人能感受到他的推移。圣人遵循这个准则，则天下万物自然生息，永无穷尽，周而复始。这种悠闲自得的政治，君王必须反复探求。既已探求到了，就不可不牢记于心；既已牢记于心，就不可不贯彻执行；既已贯彻执行，就不必将其中的奥秘昭告天下。天地从不特意显示自己的规律，所以才能生长不灭；圣人不特意显示自己的英明，所以才能声名显著。

"古代圣人把民众聚集起来组成家庭，把家庭聚集起来组成国家，把国家聚集起来组成天下。分封贤人为诸侯成为万国，这就叫作治国最高法纪。宣传政令教化，顺应民俗民情，移风易俗，把邪曲转化为正直，变化也体现在民众的体貌容颜上。各诸侯国习俗不同，但各自安居乐业，人人尊敬爱戴君主，这就叫作天下安定。唉！圣人致力于清静无为，贤人致力于端正身心，愚人不能端正身心，所以与他人抗争。君主政令繁多，就会导致刑罚繁多，刑罚繁多就会造成民众忧虑；民众忧虑，就会流散逃离。

君主、民众都不得安生,社会长期动乱不休,这就叫作政治大失。天下人心的向背如同流水,阻塞它就会停止,疏导它就会流动,静止它就会清澈。唉!神妙啊!圣人看到事情的开始,就能推知事情发展的结果。”

文王问道:“怎样才能使天下安静呢?”

太公答道:“天有自然运行的常规,民有生活规律的常态。君主能同民众共安生业,天下就会安静。最高的政治是顺应自然运行规律,其次是宣扬政教以感化民众。民众被感化就会服从政令,所以天道无为而能抚育万物,民众没有多余负担而能丰衣足食,这就是圣人的德政。”

文王道:“您的话深合我意,我将时常念诵,时刻不忘,将其作为治国的常道。”

文伐第十五

〔题解〕

本篇为文王向太公请教用政治、外交等非军事手段打击敌人的方法。太公提出并详细开列十二种方法，包括顺从并助长敌君放纵享乐的欲望、亲近拉拢敌君的近臣、离间敌君在朝外的将领、闭塞敌国君主的视听以及扶植敌国的奸臣等，大多是采用诡诈手段，加深敌国内部矛盾，分化敌国智勇之士，为从军事上消灭敌人创造条件。

文王问太公曰："文伐之法奈何①？"

太公曰："凡文伐有十二节：

"一曰因其所喜，以顺其志。彼将生骄，必有好事②。苟能因之，必能去之。

"二曰亲其所爱，以分其威。一人两心，其中必衰③。廷无忠臣，社稷必危。

"三曰阴赂左右④，得情甚深。身内情外⑤，国将生害。

"四曰辅其淫乐，以广其志，厚赂珠玉，娱以美人；

卑辞委听,顺命而合。彼将不争,奸节乃定。

“五曰严其忠臣[6],而薄其赂。稽留其使,勿听其事。亟为置代[7],遗以诚事,亲而信之,其君将复合之。苟能严之,国乃可谋。

“六曰收其内,间其外[8]。才臣外相,敌国内侵,国鲜不亡[9]。

“七曰欲锢其心,必厚赂之。收其左右忠爱,阴示以利,令之轻业,而蓄积空虚。

“八曰赂以重宝,因与之谋。谋而利之,利之必信,是谓重亲[10]。重亲之积,必为我用。有国而外,其地大败。

“九曰尊之以名,无难其身,示以大势,从之必信。致其大尊,先为之荣,微饰圣人,国乃大偷[11]。

“十曰下之必信,以得其情。承意应事,如与同生。既以得之,乃微收之。时及将至,若天丧之。

“十一曰塞之以道。人臣无不重贵与富,恶死与咎[12]。阴示大尊,而微输重宝,收其豪杰。内积甚厚,而外为乏。阴纳智士,使图其计。纳勇士,使高其气。富贵甚足,而常有繁滋,徒党已具,是谓塞之。有国而塞,安能有国?

“十二曰养其乱臣以迷之,进美女淫声以惑之,遗良犬马以劳之[13],时与大势以诱之[14],上察而与天下图之。

“十二节备,乃成武事。所谓上察天,下察地,征已见,乃伐之。”

〔注释〕

①文伐:指用非军事手段打击敌人。此句中的“文”与“武”对应。

②好(hào):《武经七书汇解》等书疑此“好”为“奸”,不妥。虽然下文确有“彼将不争,奸节乃定”的话,但需要注意的是,下文“奸节乃定”的“奸”,繁体字的写法是“姦”,与“好”字的字形差异很大,故仍从“好”,不予改动。

③其中必衰:他的忠诚度就会降低。中,通“忠”,忠信。

④阴赂左右:暗中贿赂国君身边的近臣。

⑤身内情外:身处此方却心向别国。

⑥严其忠臣:掩盖敌国忠臣的功绩。严,掩盖。

⑦亟(jí)为置代:(使臣)急切地被国君更换改派。

⑧间(jiàn)其外:离间国君与在外领兵的将领。

⑨国鲜(xiǎn)不亡:(这样的)国家很少有不灭亡的。

⑩重(chóng)亲:叠加的亲近友好。

⑪国乃大偷:国事懈怠政事荒废。偷,苟且,得过且过。

⑫恶死与咎:一作“恶危与咎”,意思是“厌恶危难与灾祸”。

⑬遗(wèi)良犬马以劳之:进献好马良犬以使君主疲于田猎。劳,使君主疲劳。

⑭时与大势以诱之:时常奉承君主权势无比,引诱他妄自尊大。

〔译文〕

文王问太公道:“用非军事手段打击敌人的方法是什么?”

太公答道:“用非军事手段打击敌人的方法有十二种:

“一是依照敌国君主的喜好，顺从他的心意。这样，他就会滋长骄傲情绪，而肯定会去制造事端。如果我再因势利导，就必定能把他除掉。

“二是亲近拉拢敌国君主的近臣，以分化敌国的力量。敌国宠臣如怀有二心，必然降低忠君意识。敌国朝中没有忠臣，国家必定陷入危亡。

“三是暗中贿赂收买敌国君主的大臣，和他建立深厚交情。这些人身居国内而心向外国，敌国就必将发生祸害。

“四是助长敌国君主的放纵享乐的作风，滋长他的荒淫欲望，用大量珠宝美玉贿赂他，献上美女讨好他。言辞卑下，屈意服从，迎合他意。这样，他就会忘记与我斗争，我们平定其国的有利时机便到来了。

“五是表面上尊敬敌国的忠臣，送给他微薄的礼物。他出使前来交涉，故意加以羁留，不让其完成使命，促使敌君改派使者，然后再向其透露一些国事信息，向他表示亲近以取得信任，从而使敌国君主弥合与我国的关系。若能掩盖敌国忠臣的功绩，就可以谋取敌国了。

“六是收买敌国君主的大臣，离间敌国君主在朝外的将领。有才干的大臣里通外国，造成敌国内部自相混乱，这样敌国就很少有不灭亡的。

“七是要使敌国君主对我深信不疑，必须赠送厚礼加以贿赂。同时收买他左右亲近的大臣，暗中给他们好处，使其君臣忽视生产大业，造成财粮匮乏，国库空虚。

“八是用贵重的财物贿赂敌国君主，乘机与他同谋别国，让他知道这个谋划对他有利。他得到利益后必然信任我们，这就是叠加的亲近友好。亲上加亲,敌国必然为我所用。他自己拥有国土而被外国利用,最终必遭惨败。

“九是用显赫的名号尊崇他,不让他身临危难,给他以势力庞大的错觉,顺从他的意志以博取他的信任。使他居于位尊无上的地位,恭维夸耀他的功绩,称他德比圣人,这样敌国国事必然懈怠,政事必然荒废。

“十是使敌国君主相信我方要屈居下位,这样必然获得他的信任从而获得他的内情。秉承他的意志,顺从他的要求,如兄弟一般。获得他的信任之后,就微妙地收揽他的权力。一旦时机成熟,就可以有如神助似的轻易消灭他。

“十一是用各种方法闭塞敌国君主的视听,凡是臣民都重视富贵、厌恶死亡和灾祸。暗中许诺尊贵的官位,秘密馈赠大量财宝,收买敌国的英雄豪杰。自己国内积蓄充实,但外表却装作贫乏。暗中吸纳敌国智士,使他与自己图谋大计。秘密结交敌国勇士,借以提高我国士气。要尽量满足这些人取得富贵的欲望,并不断使之滋长蔓延。这样,敌国智勇之士转为我的同党,就叫闭塞敌国君主的视听。敌国君主虽然还拥有国家,但视听已被闭塞,还怎么能维持他的统治呢?

“十二是扶植敌国的奸臣,以迷乱其君主的心智,进献美女淫乐,以迷惑其君主的意志,进献良犬宝马,使其沉溺田猎以疲惫身体,时常奉承君主权势无比,引诱他妄自尊大,然后观察有利的时机,与天下人共谋消灭他。

“以上十二种方法都具备了,就可以采取军事行动了。这就是所谓上察天时,下观地利,各种有利征兆都已显现,就可以兴兵讨伐他了。”

顺启第十六

〔题解〕

本篇阐明治理天下的方法。太公提出君主应该具备的六种素质，即大、信、仁、恩、权、事而不疑，明确指出胸怀、诚信、仁爱、恩惠、权势及果断这六种品质作为君主治理天下的前提，然后通过利与害、生与杀、彻与穷、安与危这四个角度比较，强调天下人对君主的态度，取决于君主对天下人的态度，最后点明“天下者非一人之天下，惟有道者处之”，强调唯独有道的君主，才能治理好天下。

文王问太公曰：“何如而可为天下？”

太公曰：“大盖天下[①]，然后能容天下；信盖天下，然后能约天下；仁盖天下，然后能怀天下；恩盖天下，然后能保天下；权盖天下，然后能不失天下；事而不疑，则天运不能移，时变不能迁。此六者备，然后可以为天下政。故利天下者，天下启之；害天下者，天下闭之[②]；生天下者，天下德之；杀天下者，天下贼之[③]；彻天下者[④]，天下通之；穷天下者，天下仇之；安天下者，天下恃之；危天下者，天下灾之。天下者非一人之天下，惟有道者处之。”

〔注释〕

①大盖天下：指心胸能覆盖天下。大，器量、度量，此处指心胸。盖，覆盖，包容。

②天下闭之：天下人都紧闭大门反对他、摒弃他。本句又见于《六韬·文启》。

③贼：杀害、仇视。

④彻天下者：让天下人通畅的。彻，明，显明，与下句的“穷”字相对。

〔译文〕

文王问太公道：“怎样才能治理好天下呢？”

太公答道：“心胸覆盖天下，然后才能包容天下；诚信覆盖天下，然后才能制约天下；仁爱覆盖天下，然后才能怀柔天下；恩惠覆盖天下，然后才能保全天下；权势覆盖天下，然后才能不失天下；遇事果断不犹疑，那么天时运转不能改变，时事变迁也不能更改。这六个条件具备了，然后就可以治理天下。所以为天下人谋利益的，天下人就打开大门欢迎他；使天下人受祸害的，天下人就关闭大门反对他；使天下人生长滋润的，天下人就尊奉他；使天下人遭到杀戮的，天下人就仇视他；让天下人清晰地表达意愿的，天下人与其往来；造成天下人困窘的，天下人就憎恶他；使天下人安居乐业的，天下人就依仗他；给天下人带来危难的，天下人就视他为祸害。天下不是一个人的天下，唯独有道的君主，才能治理好天下。”

三疑第十七

〔题解〕

本篇论述了武王内心存在的建功立业过程中的三个疑问，“恐力不能攻强、离亲、散众”。意思是怕自己的力量不足以进攻强敌，不能使敌国君臣离散，不能使敌国民众涣散。太公强调其策略应攻强以强，离亲以亲，散众以众。具体阐释便是因势利导，谨慎计谋，运用钱财。对强敌，要助长敌人的气焰，离间敌国君主亲信，舍得使用财物，如此便可达到挑起敌国内部纷争以及造成敌国君主众叛亲离，而贤人及民众归附我方，达到“攻强、离亲、散众”的目的。

武王问太公曰：“予欲立功，有三疑：恐力不能攻强、离亲、散众，为之奈何？”

太公曰：“因之[①]，慎谋，用财。夫攻强必养之使强，益之使张，太强必折，太张必缺。攻强以强，离亲以亲，散众以众。

“凡谋之道，周密为宝。设之以事[②]，玩之以利，争心必起。欲离其亲，因其所爱，与其宠人，与之所欲，示之所利，因以疏之，无使得志。彼贪利甚喜，遗疑乃止[③]。

“凡攻之道，必先塞其明，而后攻其强，毁其大[④]，除民之害。淫之以色，啖之以利[⑤]，养之以味，娱之以乐。

“既离其亲，必使远民，勿使知谋，扶而纳之[⑥]，莫觉其意，然后可成。

“惠施于民，必无忧财[⑦]，民如牛马，数馁食之[⑧]，从而爱之。心以启智，智以启财，财以启众，众以启贤，贤之有启，以王天下。”

〔注释〕

①因：顺应，利用。之：敌国君主。因之，就是利用敌国君主的力量，因势利导。

②设之以事：以有利之事作为诱饵引导敌国。设，安排，设计。《韩非子·难势》：“吾所谓势者，言人之所设也。”

③遗疑乃止：残存的疑虑被消除。

④毁其大：摧毁其最大的设施或机构。

⑤啖（dàn）之以利：用厚利诱惑敌国君主。啖，吃，此处意为引诱。之，指代敌国君主。

⑥扶而纳之：用手段引诱敌人进入圈套。扶，搀扶，这里是引诱之意。纳，收入，这里是收入陷阱之意。

⑦必无忧财：一作“必无爱财”。

⑧数（shuò）馁（něi）食（sì）之：屡次喂养他们。数，多次。馁，喂养。食，喂食。

〔译文〕

武王问太公道：“我想建功立业，但有三个疑问：恐怕自己的力量不足以进攻强敌，不能使敌国君臣离散，不能使敌国民众涣散，您看该怎么办呢？”

太公答道：“因势利导，谨慎计谋，运用钱财。进攻强敌，一定要怂恿他，使其恃强骄横；放任他，使其更加嚣张。敌人过于强横，必遭挫折。过于嚣张，必致失误。要进攻强大的敌人，应使用增强他的办法，要离间敌人的亲信，必先收买敌人的心腹，要瓦解敌人的军队，必先争取敌国的民心。

“运用计谋，以周密最为重要。以有利之事诱导敌国，以利益诱惑敌国君臣，他们必然会起纷争。要想离间敌国君臣，应根据他们的爱好，给予他宠爱的人一些好处，送给他们所想得到的东西，许给他们丰厚的利益，使他们疏远君主，让君主不能有所作为。他们因为得到我们给予的好处而非常高兴，就不会对我们的图谋产生疑虑了。

“大凡进攻强大敌人的方法，首先蒙蔽敌国君主的耳目，然后再攻打他的强大军队，摧毁他的最大机构，为民除害。用美色去腐蚀他，用厚利去引诱他，用美食去娇养他，用淫乐去迷乱他。

“既已离间了他的亲信，还须使他疏远自己的民众，不要让他识破我方计谋，用手段引诱敌人进入圈套，不要让他觉察我方意图，然后就可以成就大事了。

“施恩惠于民众，一定不要吝惜财物，民众就像牛马，屡次喂养他们，他们就会顺从和喜爱。用心灵产生智慧，用智慧产生财富，用财富调动民众，在民众中发现贤才，贤才被重用，可以辅佐君主统治天下。”

卷三　龙韬

王翼第十八

〔题解〕

本篇系统论述了辅佐军队统帅的军事参谋的组织架构及人员分工。篇章首先将军事参谋称为“股肱羽翼”，这也正是篇题《王翼》的得名缘由。随后指出任命股肱羽翼的办法，其关键是“因能授职，各取所长”。面对武王对于具体情况的询问，详细阐明了七十二名股肱羽翼的组成，包括腹心、谋士、天文、地利、兵法、通粮、奋威、伏旗鼓、股肱、通材、权士、耳目、爪牙、羽翼、游士、术士、方士、法算等各方面人才，各路人才各司其职，分管作战、宣传、间谍、天文、通信、工程、医务和军需等工作，共同组成辅佐统帅的军事参谋。

武王问太公曰：“王者帅师，必有股肱羽翼[①]，以成威神，为之奈何？”

太公曰：“凡举兵帅师，以将为命[②]。命在通达，不守一术，因能受职，各取所长，随时变化，以为纲纪。故将有股肱羽翼七十二人，以应天道[③]。备数如法，审知命理，殊能异技，万事毕矣。”

〔注释〕

①股肱(gōng)羽翼:帝王左右得力的辅佐大臣。股,大腿。肱,手臂。羽翼,翅膀。

②以将为命:军队以将领作为根本核心。命,发号施令的人,即今日所言“司令”。

③天道:自然运行的规律。古代以五日为一候,三候为一节气,分一年为二十四节气,一周天为三百六十度,以五行之数相除,即得七十二,故有七十二候。节气、候随自然现象变化而变,属于天道之一。本句以七十二人对应七十二候。

〔译文〕

武王问太公道:“君主统率军队,必须有得力的辅佐之人,以实现神秘莫测的威势,该怎么办呢?”

太公答道:“大凡举兵统帅军队,都以将帅作为军队的核心。作为发号施令者,最重要的是通晓各方面的情况,而不拘泥于某一特定方法。因此,应该量才授职,用其所长,灵活掌握,并使其成为一种选官制度。所以将帅需要辅佐人员七十二人,以便顺应天道运行,应付各种情况。按照这种方法配置辅佐人员,就是掌握了发号施令的本质,发挥各种特殊人才的奇异才能,就万事俱备了。”

武王曰:“请问其目。”

太公曰:“腹心一人,主潜谋应卒①,揆天消变②,总揽计谋,保全民命。谋士五人,主图安危,虑未萌,论行能,明赏罚,授官位,决嫌疑,定可否。天文三人,主司星历[3]，候风气[4]，推时日，考符验[5]，校灾异，知人心去就之机[6]。地利三人，主三军行止形势，利害消息[7]，远近险易，水涸山阻，不失地利。兵法九人，主讲论异同，行事成败，简练兵器[8]，刺举非法。通粮四人，主度饮食蓄积，通粮道，致五谷[9]，令三军不困乏。奋威四人，主择材力[10]，论兵革[11]，风驰电掣，不知所由。伏鼓旗三人，主伏鼓旗，明耳目，诡符节[12]，谬号令，暗忽往来，出入若神。股肱四人，主任重持难，修沟堑，治壁垒，以备守御。通材三人，主拾遗补过[13]，应偶宾客，论议谈语，消患解结。权士三人，主行奇谲[14]，设殊异，非人所识，行无穷之变。耳目七人，主往来，听言视变，览四方之事，军中之情。爪牙五人[15]，主扬威武，激励三军，使冒难攻锐，无所疑虑。羽翼四人，主扬名誉，震远方，摇动四境，以弱敌心。游士八人，主伺奸候变，开阖人情[16]，观敌之意，以为间谍。术士二人，主为谲诈，依托鬼神，以惑众心。方士二人[17]，主百药，以治金疮，以痊万病。法算二人，主计会三军营壁、粮食、财用出入。”

〔注释〕

①卒(cù)：同“猝”，突然。此处指突然发生的事变。

②揆(kuí)天消变：测度天象的变化。揆，测度。

③主司星历：主管天文律历。星历，星象历数，因历法与天文密切相关，故星历并称。《报任安书》：“文史星历，近乎卜祝之间。”

④候风气：观测风向及气象的变化。《汉书·律历志》：“至治之世，天

地之气合以生风,天地之风气正,十二律定。”

⑤考符验:考察天降的祥瑞征兆与人事是否符合应验。

⑥人心:一作“天心”,意思是“天意”。

⑦利害消息(xī):利弊的消长。

⑧简练兵器:为士兵精选武器。简,选择,选拔。练,训练,使熟练。

⑨五谷:稻、黍、稷、麦、菽五种谷物的合称,后泛指粮食类作物。

⑩材力:以力为才者,即勇士。材,通“才”。

⑪论(lún)兵革:选用各种武器装备。论,同“抡”,选择、挑选。兵革,指代武器装备。

⑫符节:古代传达命令或征用军队的凭证。符通常用金、玉、铜等材料制成,由君主及带兵将领各执一半,合在一起便可查验真伪,常做成虎、鱼等形状,故有虎符之称。

⑬拾遗:原意是拾起遗失之物,引申为指出帝王的过失,和本句中的“补过”意思相近。

⑭奇谲(jué):诡诈,奇谋诡计。

⑮爪(zhǎo)牙:本意是动物身上最锋利的部位,引申为得力助手,是带有褒义色彩的词汇,此处也是这个意思,在《荀子·劝学》“蚓无爪牙之利”句中,“爪牙”也是褒义用法。后来,在词义演变的过程中,“爪牙”一词的感情色彩发生转移,变成了贬义词。

⑯开阖(hé):开闭自如,任由控制。阖,关闭。

⑰方士:精通方术的人。方士通常都有较高的医术,并从事巫术活动。中国早期图书专门有一类被称为方技,其图书内容包括医经和经方等。秦汉时期,方士辈出,且在社会活动中较为活跃。

〔译文〕

武王问道:“请讲讲这方面的具体细节。”

太公答道:“配备心腹一人,主管参赞谋划,应付突然事变,观测天象，消除祸患，总揽全军大计，保全百姓生命。配备谋士五人，主管筹划国家安危大事，考虑形势的发展变化，评价将士的品德才能，申明军纪赏罚，授予官职，决断疑难问题，裁定军政安排可否。配备天文三人，主管天文律历，观测风向气候，推算时日吉凶，考察吉凶征兆，核查灾祸异变，观察人心向背。配备地利三人，主管察明军队行军和驻扎的地形状况，分析利弊的消长，观察道路远近及地形险易，江河水情和山岳险阻等，保证作战不失地利。配备兵法九人，主管探讨形势的异同，研究作战胜负的可能，选择查验作战时的兵器，检举揭发违法乱纪。配备通粮四人，主管全军饮食、粮食储备，保证粮道畅通，确保五谷送达，以此实现军队供给不发生困难。配备奋威四人，主管选拔有才能的勇士，配发武器装备，组织突击部队风驰电掣般快速行动，让敌军无法掌握我军行踪。配备伏鼓旗三人，主管军队的旗鼓，明确视听信号，制造假符节，发布假命令以迷惑敌人，使我军进退自如、神出鬼没。配备股肱四人，担负重要使命，从事艰巨任务，挖掘沟堑，构筑壁垒，使防御工事坚不可摧。配备通才三人，指出君主的不足，接待宾客，讨论问题，消除祸患和纠纷。配备权士三人，主管实施诡诈奇谋，设置奇谋异技，不让敌人识破，计谋使用无穷变化。配备耳目七人，主管通过与外界交往，探听消息，感知变化，掌握天下形势，了解敌军情况。配备爪牙五人，主管我方军威的宣扬，激励三军斗志，使将士敢于冒险犯难，攻坚摧锐而无所疑惧。配备羽翼四人，主管将帅声誉的宣扬，以震骇远方，动摇邻国的军心，削弱敌军士气。配备游士八人，主管形势变化的侦察，把握人情事理，观察敌人意图，进行间谍活动。配备术士二人，主管诡诈的运用，借助鬼神，迷惑军心。配备方士二人，主管各种药物，用来治疗军中创伤，医治各类疾病。配备法算二人，主管军队营垒、粮食和财用收支情况的统计。”

论将第十九

〔题解〕

本篇论述了将帅应该具备的品德和应避免的缺点。将帅应具备的五种优秀品德是勇、智、仁、信和忠。将帅应避免的十种不良品德是勇而轻死、急而心速、贪而好利、仁而不忍人、智而心怯、信而喜信、廉而不爱人、智而心缓、刚而自用、懦而喜任人。太公强调，面对具备十种不良品格的将帅，可以运用使他暴怒、财宝贿赂及欺凌欺诈等有针对性的方法。篇章最后，太公归纳并强调将帅的重要地位："兵者，国之大事，存亡之道，命在于将。将者，国之辅，先王之所重也。故置将不可不察也。"

武王问太公曰："论将之道奈何？"

太公曰："将有五材十过[①]。"

武王曰："敢问其目。"

太公曰："所谓五材者：勇、智、仁、信、忠也。勇则不可犯，智则不可乱，仁则爱人，信则不欺，忠则无二心。

"所谓十过者：有勇而轻死者，有急而心速者，有贪而好利者，有仁而不忍人者，有智而心怯者，有信而喜信人者，有廉洁而不爱人者，有智而心缓者，有刚毅而自用者，有懦而喜任人者。勇而轻死者，可暴也[2]；急而心速者，可久也；贪而好利者，可遗也[3]；仁而不忍人者，可劳也；智而心怯者，可窘也；信而喜信人者，可诳也；廉洁而不爱人者，可侮也；智而心缓者，可袭也；刚毅而自用者，可事也；懦而喜任人者[4]，可欺也。

"故兵者，国之大事，存亡之道，命在于将。将者，国之辅，先王之所重也[5]。故置将不可不察也。故曰，兵不两胜，亦不两败。兵出逾境，期不十日，不有亡国，必有破军杀将。"

武王曰："善哉！"

〔注释〕

①材：优秀的品质。过：不良的品质。

②暴：使之暴怒，此处为使动用法。

③遗（wèi）：赠予，此处指用钱财贿赂。

④懦（nuò）而喜任人者：懦弱而毫无主张的人。

⑤先王：指周文王。

〔译文〕

武王问太公道："评论将帅的原则是什么？"

太公答道："将帅应具备五种美德，避免十种缺点。"

武王道："请讲讲具体内容。"

太公道："将帅的五种美德是勇敢、明智、仁慈、诚信和忠贞。勇敢就不会被侵犯，明智就不会被扰乱，仁慈就会爱护士卒，诚信就不会欺骗别人，忠贞就不会怀有二心。

“十种缺点是勇敢而轻于赴死，急躁而急于求成，贪婪而喜好利益，仁慈而过度怜悯，聪明而内心懦弱，诚信而轻信他人，廉洁而不爱惜人，多谋而优柔寡断，坚强而刚愎自用，懦弱而毫无主张。勇敢而轻死的，可以激怒他；急躁而急于求成的，可以拖延他；贪婪而喜好利益的，可以贿赂他；仁慈而过度怜悯的，可以使他疲惫；聪明而内心懦弱的，可以胁迫他；诚信而轻信他人的，可以欺骗他；廉洁而不爱惜人的，可以轻侮他；多谋而优柔寡断的，可以突袭他；坚强而刚愎自用的，可以算计他；懦弱而毫无主张的，可以欺凌他。

“所以战争，是国家的大事，它关系着国家的存亡，国家的命运掌握在将帅手里。将帅，是国家的辅佐，为先君文王所重视。因此任命将帅不可不认真审察。所以说，战争的双方不可能都取得胜利，也不可能都遭受失败。只要军队跨出国境，不出十天，不是攻陷敌国，就是我方兵败将亡。”

武王说：“说得好啊！”

选将第二十

〔题解〕

本篇阐述了选拔将领的方法和应该注意的事项。太公首先阐述外在表现与内在品质不相符的十五种情况,并提醒君王“非有大明,不见其际”,不能被表象所蒙蔽。接下来,太公阐述了通过实践来考察识别人才的八种方法,即以言、辞、间谍、问、财、色、难和酒,考察士人的辞、变、诚、德、廉、贞、勇和态,最后总结道“八征皆备,则贤、不肖别矣”。

武王问太公曰:“王者举兵,欲简练英雄,知士之高下,为之奈何?”

太公曰:“夫士外貌不与中情相应者十五:有严而不肖者①,有温良而为盗者,有貌恭敬而心慢者,有外廉谨而内无至诚者,有精精而无情者,有湛湛而无诚者②,有好谋而不决者,有如果敢而不能者,有悾悾而不信者③,有恍恍惚惚而反忠实者④,有诡激而有功效者,有外勇而内怯者,有肃肃而反易人者⑤,有嗃嗃而反静悫者⑥,有势虚形劣而外出无所不至、无所不遂者。天下所贱，圣人所贵，凡人莫知，非有大明，不见其际，此士之外貌不与中情相应者也。”

武王曰：“何以知之？”

太公曰：“知之有八征[7]：一曰问之以言，以观其辞；二曰穷之以辞，以观其变；三曰与之间谍[8]，以观其诚；四曰明白显问，以观其德；五曰使之以财，以观其廉；六曰试之以色，以观其贞；七曰告之以难，以观其勇；八曰醉之以酒，以观其态。八征皆备，则贤、不肖别矣。”

〔注释〕

①严：严厉、严格。《孙子兵法·计》谓“将者，智、信、仁、勇、严”，将“严”作为将帅的五种素质之一。另外，本句中的“有严而不肖者”，《武经七书汇解》认为“贤”与“不肖”相对，故应为“有贤而不肖者”。

②湛湛：为人厚重、敦厚的样子。

③悾悾（kōng）：诚恳真挚的样子。

④恍恍惚惚：神志不清，飘忽不定。

⑤有肃肃而反易人者：有的人看上去严正而实际却平易近人。肃肃，严正的样子。

⑥有嗃（hé）嗃而反静悫（què）者：有的人看上去严厉而实际却沉静笃实。嗃嗃，严厉，冷酷。悫，诚实，厚道，朴实。

⑦征：征验，征兆，此处指考验人才的方法。

⑧谍：暗中考察。底本作“谋”，疑误，据《武经七书汇解》校改。

〔译文〕

武王问太公道：“君王起兵兴师，要选拔智勇兼备的人担当将帅,想知道他才能的高低,应该怎么办?”

太公答道:“士人的外表和内情不相符的情况有十五种:有的表面严格而内实不肖,有的表面温顺善良而暗地偷盗,有的表面恭敬而内心傲慢,有的表面廉洁严谨而内无真诚,有的看似精干而实无才学,有的表面厚道而内不诚实,有的表面智慧而内不果断,有的表面果断而实无作为,有的表面老实而实无信用,有的表面飘忽而实际忠诚,有的言行过激而实际却取得成效,有的表面勇敢而实则胆怯,有的表面严肃而实际平易近人,有的表面严厉而实际沉静笃实,有的表面气势虚弱、形体丑陋却能受命出使无所不至、办事无所不成。天下人所轻视的,却往往被圣人所器重,一般人不能了解,没有高明的见识,是不能看清其中奥秘的。这就是士人外表和内情不相一致的情况。”

武王问道:“用什么办法才能了解士人的实际情况呢?”

太公答道:“了解他们,有八种方法:一是提出问题,看他是否解释得清楚;二是详细盘问,考验他的应变能力;三是通过间谍方式考察,看他是否忠诚;四是明知故问,以此考察他的品德;五是让他掌管财物,考验他是否清廉;六是用女色试探他,看他的操守高下;七是告知他所处危难,看他是否勇敢;八是使他醉酒,看他酒后的姿态。这八种方法运用之后,就能清楚分辨其是否贤明了。”

立将第二十一

〔题解〕

本篇讲述古代君主任命将帅的方法。首先描述了君主任命将帅具体仪式的细节，如偏殿召将之地、国君诏令之语、占卜斋戒之规、亲授斧钺之仪、告诫将帅之语以及将帅答复之言，在此过程中，主要阐明了这样两个观点：一是国君应让将帅深感领兵作战责任的重大，所以将帅应做到明察战情，并且不轻敌、不冒险，与士卒同甘共苦。二是君主应信任将帅，给予将帅对军队指挥的绝对权力，"国不可从外治，军不可从中御"，"军中之事，不闻君命，皆由将出"，即后世所谓"将在外，君命有所不受"。最后，太公总结道，做到这几点，将士便奋勇杀敌，国家安宁的局面进而得以实现。

武王问太公曰："立将之道奈何？"

太公曰："凡国有难，君避正殿，召将而诏之曰：'社稷安危，一在将军。今某国不臣[①]，愿将军帅师应之。'

"将既受命，乃命太史卜，斋三日，之太庙[②]，钻灵龟，卜吉日，以授斧钺[③]。君入庙门，西面而立；将入庙门，北面而立。君亲操钺，持首，授将其柄，曰：'从此上至天者，将军制之。'复操斧，持柄，授将其刃，曰：'从此下至渊者，将军制之。见其虚则进，见其实则止，勿以三军为众而轻敌，勿以受命为重而必死，勿以身贵而贱人，勿以独见而违众，勿以辩说为必然。士未坐勿坐，士未食勿食，寒暑必同。如此则士众必尽死力。'

"将已受命，拜而报君曰：'臣闻国不可从外治，军不可从中御④。二心不可以事君，疑志不可以应敌。臣既受命，专斧钺之威，臣不敢生还，愿君亦垂一言之命于臣⑤。君不许臣，臣不敢将。'

"君许之，乃辞而行。军中之事，不闻君命，皆由将出。临敌决战，无有二心。若此则无天于上，无地于下，无敌于前，无君于后。是故智者为之谋，勇者为之斗，气厉青云，疾若驰骛⑥，兵不接刃，而敌降服。战胜于外，功立于内，吏迁士赏，百姓欢悦，将无咎殃。是故风雨时节，五谷丰熟，社稷安宁。"

武王曰："善哉！"

〔注释〕

①不臣：不臣服，原指臣子背叛君主，此处指敌国武装挑衅。

②之太庙：前往太庙。"之"的意思是到……地方去，这正是"之"字的本义。太庙，君主的祖庙。中国古代祖先崇拜盛行，在进行重大军事活动之前，通常要前往祖庙，禀报祖先并求得祖先的保佑。

③斧钺（yuè）：象征军权的斧和钺。斧，斧头。钺，形状像斧但较大的

兵器。斧钺都是商周时期盛行的兵器,故视为军权的象征。

④军不可从中御:军队在外征战不可由朝廷控制。中,指朝廷、君主。御,控制。这句话的意思与俗语“将在外,君命有所不受”相同。

⑤愿君亦垂一言之命于臣:只希望国君赐予臣子明确的一句话。前文说军队在外征战不可由朝廷控制,这里又委婉地表明希望君王同意其请求。

⑥疾若驰骛(wù):行动速度风驰电掣。疾,快。骛,纵横奔驰。

〔译文〕

武王问太公道:“任命将帅的方式是怎样的?”

太公答道:“凡国家遭遇危难,国君就避开正殿,在偏殿上召见主将,向他下达诏令说:‘国家的安危,全靠将军你了。现在某国武装挑衅,请将军统率大军前去征讨。’

“主将接受命令后,国君就令太史占卜,斋戒三天,前往太庙,钻凿龟甲,选择吉日,向将帅颁授斧钺。国君进入太庙门,面向西站立;主将随之进入太庙门,面向北站立。国君亲自拿着钺的上部,把钺柄交给主将并宣告:‘从此,军中上至于天的一切军务交由将军处置。’然后又亲自拿着斧柄,将斧刃授予主将并宣告:‘自此,军中下至于渊的一切军务交由将军处置。见到敌人虚弱就前进,见到敌人强大就停止,不要认为我军众多就轻视敌人,不要因为任务重大就以死相拼,不要因为身份高贵就轻视部下,不要认为自己意见独到而不听众意,不要把辩说之言当作必然之理。士卒没坐下,你不要先坐,士卒没进餐,你不要先吃,寒暑冷热都要与士卒同甘共苦。这样,士卒就会尽死力作战。’

“主将接受任命后,拜而答复道:‘我听说国事不可受外部的干预,作战不能由君主在朝廷遥控指挥。臣怀二心就不能忠心侍奉君主,心意不定就不能去迎战敌人。臣既已受命执掌军权,不获胜利不敢生还。请您允许我按照上面的话全权处理一切事务,若不允许,我不敢担此重任。'

“国君答允之后,主将就辞别君主率军出征。从此军中一切事务,不听命于国君而听命于主将。临敌作战,全军上下一心。这样,主将就能上不受天时限制,下不受地形限制,前不受敌军羁绊,后不受国君牵制。这样,就能使智谋之士都愿为其效力,勇武之人都愿全力战斗,士气昂扬直冲云霄,行动快速,风驰电掣,兵刃尚未交锋而敌人就已投降。将士取胜于国外,大臣建功于朝廷,将吏得到晋升,士卒获得奖赏,百姓欢欣鼓舞,主将没有祸殃。于是风调雨顺,五谷丰登,国家安宁。”

武王说:“说得好啊!”

将威第二十二

〔题解〕

本篇围绕将帅如何建立威信、展现英明并做到令行禁止的问题。太公所提策略是诛大、赏小及罚审，并阐述具体方法是依法诛杀位高权重的人、依法奖赏地位低下的人，以此真正体现出刑法的上限和下限，在此基础上，将帅的威信便可在全军树立，命令也可在全军执行了。

武王问太公曰："将何以为威？何以为明？何以为禁止而令行？"

太公曰："将以诛大为威①，以赏小为明，以罚审为禁止而令行。故杀一人而三军震者，杀之；赏一人而万人说者，赏之。杀贵大，赏贵小。杀其当路贵重之臣②，是刑上极也；赏及牛竖③、马洗④、厩养之徒⑤，是赏下通也。刑上极，赏下通，是将威之所行也。"

〔注释〕

①大：官阶位高、权势显赫之人。

②当路：指执掌大权、身居要职。《孟子·公孙丑上》："夫子当路于齐，管仲晏子之功可复许乎？"

③牛竖：牧牛的僮仆。竖，僮仆。

④马洗（xiǎn）：马夫。

⑤厩（jiù）养之徒：养马的人。

〔译文〕

武王问太公道："将帅用什么办法来树立威信？用什么办法来展现英明？用什么办法做到所禁必止、所令必行？"

太公答道："将帅通过依法诛杀位高权重的人来树立威信，通过依法奖赏地位低下的人来展现英明，通过赏罚审慎严明做到所禁必止、所令必行。因此，处死一人而能震慑全军，就处死他；奖赏一人而能取悦万民，就奖赏他。处死之法重在杀掉位高权重的人，奖赏之法重在奖赏地位低下的人。处死那些执掌大权、身居要职的人，体现的是刑罚能触及最上层；奖赏牛僮、马夫、饲养人员等地位低下的人，体现的是奖赏能达到最下层。刑罚施行到最上层，奖赏恩惠到最下层，将帅的威信就可以在全军树立了。"

励军第二十三

〔题解〕

励军，就是鼓舞士气。本篇从三个方面论述将帅鼓舞士气的方法：一是成为“礼将”，将帅要约束自己，与士卒共寒暑。二是成为“力将”，将帅要身体力行，与士卒共劳苦。三是成为“止欲将”，将帅克制自己，才能体会士卒的饥饱。只要将帅以身作则，便会实现全军将士“闻鼓声则喜，闻金声则怒”“士争先登”及“士争先赴”等自觉为国效命的局面。

武王问太公曰：“吾欲令三军之众，攻城争先登，野战争先赴，闻金声而怒[①]，闻鼓声而喜，为之奈何？”

太公曰：“将有三[②]。”

武王曰：“敢问其目。”

太公曰：“将冬不服裘，夏不操扇，雨不张盖，名曰礼将；将不身服礼，无以知士卒之寒暑。出隘塞，犯泥涂[③]，将必先下步，名曰力将；将不身服力，无以知士卒之劳苦。军皆定次[④]，将乃就舍；炊者皆熟，将乃就食。军不举火[⑤]，将亦不举，名曰止欲将；将不身服止欲，无以知士卒之饥饱。将与士卒共寒暑、劳苦、饥饱,故三军之众闻鼓声则喜,闻金声则怒。高城深池⑥,矢石繁下,士争先登,白刃始合,士争先赴。士非好死而乐伤也,为其将知寒暑、饥饱之审,而见劳苦之明也。”

〔注释〕

①金声:金指钲、铙等钟类乐器,古代战争过程中,军中鸣金表示停止前进或收兵,击鼓表示进军。本句意思是士卒斗志昂扬、奋勇杀敌,听到收兵指令便很愤怒。

②将有三:有版本此句作“将有三胜”。

③涂:通“途”,道路。

④次:驻扎宿营,这也是“次”字的本义。

⑤举火:生火做饭。《庄子·让王》:“三日不举火。”

⑥池:护城河。《孟子·公孙丑下》:“城非不高也,池非不深也。”

〔译文〕

武王问太公道:“我想使全军将士攻城时争先攀登,野战时争先出击,听到停止的号令就愤怒,听到进军的号令就欢喜,怎么才能做到这样呢?”

太公答道:“将帅要做到三点。”

武王道:“请谈谈具体内容。”

太公道:“作为将帅,冬天不穿皮衣,夏天不用扇子,雨天不支伞篷,这叫礼将;将帅不亲身遵从军中之礼,就无法体会士卒的冷暖。穿过险阻的关隘,通过泥泞的道路,将帅必先下车马步行,这叫力将;将帅不身体力行,就无从体会士卒的劳苦。军队宿营完毕，将帅才进入营帐；军队的饭菜做好，将帅才开始就餐。军队没有点火做饭，将帅也不点火做饭，这叫止欲将；将帅不能克制自己，就不能体会士卒的饥饱。将帅能和士卒一起体验寒暑、劳苦和饥饱，那么全军将士听到进军的号令就欢喜，听到停止的号令就愤怒。即使城墙高、护城河深，箭石如雨，我方士卒也会争先恐后奋勇登城，白刃交锋，士卒也会前仆后继勇往直前。士卒并不是天性喜欢死亡、乐于伤残，而是由于将帅知晓自己的冷暖和饥饱，体恤自己的劳苦，才尽力报效的啊。”

阴符第二十四

〔题解〕

阴符是古代君主和将帅之间秘密通信的一种方法，本篇即详细说明八种阴符的形制和内容，从中可知，大体上阴符的长度从一尺到三寸，内容指向也涵盖大获全胜至失利伤亡。最后归纳阴符使用中的注意事项，凡涉及羁留或泄密者一律处死。

武王问太公曰："引兵深入诸侯之地，三军卒有缓急[①]，或利或害。吾将以近通远，从中应外，以给三军之用，为之奈何？"

太公曰："主与将有阴符[②]，凡八等：有大胜克敌之符，长一尺；破军擒将之符，长九寸；降城得邑之符，长八寸；却敌报远之符，长七寸；警众坚守之符，长六寸；请粮益兵之符，长五寸；败军亡将之符，长四寸；失利亡士之符，长三寸。诸奉使行符，稽留，若符事闻，泄告者皆诛之[③]。八符者，主、将秘闻，所以阴通言语，不泄中外相知之术。敌虽圣智，莫之能识。"

武王曰："善哉！"

〔注释〕

①三军卒(cù)有缓急:三军突然遭遇敌军。卒,通“猝”,突然。缓急,军情紧急,该词为偏义复词,意思的重点在“急”,强调紧急事件的发生。

②阴符:古代军中的一种隐秘的通信方法。符以铜、竹、木版制成,一分为二,事先约定好花纹或尺寸长短所代表的不同情况,以此保证通信的隐秘。《战国策·秦策一》记载苏秦游说秦王失败后,遭到亲朋故友的冷落,于是发奋读书:“乃夜发书,陈箧数十,得《太公阴符》之谋。”

③此句有版本为“稽留者,若符事泄,闻告者皆诛之”。

〔译文〕

武王问太公道:“率领军队深入诸侯国境内,全军突然遭遇敌军,或者对我有利,或者对我有害。我想从近处通知远方,从国内策应国外,以适应三军的需要,应当怎么办?”

太公答道:“君主与主将之间,有秘密的兵符,一共分为八种:有我军大获全胜的阴符,长度为一尺;有击破敌军、擒获敌将的阴符,长度为九寸;有迫使敌军投降、占领敌人城邑的阴符,长度为八寸;有击退敌人、通报敌军退兵的阴符,长度为七寸;有激励军民坚强守御的阴符,长度为六寸;有请求补给粮草、增加兵力的阴符,长度为五寸;有报告军队失败、将领阵亡的阴符,长度为四寸;有报告战斗失利、士卒伤亡的阴符,长度为三寸。凡是奉命传递阴符的士兵,延误时限的,泄露阴符中军事机密的,都一律处死。这八种阴符,由君主和将帅秘密掌握,是一种用来暗中传递消息、不泄露机密、君主和将帅通报情报的通信手段。即使敌人有十分高深的智慧,也无法识破阴符的奥秘。”

武王说:“高明啊!”

阴书第二十五

〔题解〕

阴书是古代君主和将帅之间又一种秘密通信方法。本篇首先阐明了阴书的独特作用,即避免了“其事烦多,符不能明,相去辽远,言语不通”的困难。接着具体介绍了阴书的使用方法,即“一合而再离,三发而一知”,强调把一封书信分为三个部分,并分别派三个人送信,以此保证阴书具有较高的保密性。

武王问太公曰:“引兵深入诸侯之地,主、将欲合兵①,行无穷之变,图不测之利,其事烦多,符不能明,相去辽远,言语不通,为之奈何?”

太公曰:“诸有阴事大虑,当用书,不用符。主以书遗将②,将以书问主。书皆一合而再离,三发而一知。再离者,分书为三部;三发而一知者,言三人,人操一分,相参而不相知情也,此谓阴书③。敌虽圣智,莫之能识。”

武王曰:“善哉!”

〔注释〕

①合兵:集结兵力,内外配合。

②主以书遗(wèi)将:君主把阴书送给将帅,传达旨意。

③阴书:古代秘密通信的一种方法,相比上一篇《阴符》中所使用的阴符,阴书能传递更具体、更准确的消息。根据本篇可知,阴书的保存原则是将书信拆分为三部分,其传递原则是由三人分别传递,相互参差而互不知情。

〔译文〕

武王问太公道:"率领军队深入诸侯国境内,国君与主将想要集结兵力,内外配合,以机动灵活的战术,谋求出其不意的胜利,但事情较为繁多,用阴符难以表达清楚,距离十分遥远,言语无法相通,在这种情况下应该怎么办?"

太公答道:"所有的密谋和大计,应当用阴书,而不用阴符。国君用阴书向主将传达旨意,主将用阴书向国君请示问题,这种阴书都是一合而再离、三发而一知。所谓一合而再离,就是把一封书信分为三个部分;所谓三发而一知,就是派三个人送信,每人只执其中的一部分,相互参差而互不知情,就算是送信的人也不知道书信的内容,这就叫阴书。即使敌人有十分高深的智慧,也无法识破阴书的奥秘。"

武王说:"高明啊!"

军势第二十六

〔题解〕

本篇论述了攻伐敌国的战术原则。首先,应因敌因情用兵,灵活机动,不拘一格,如此才能把握战争的主动权。其次,善用计谋,做到未战先胜,不战而屈人之兵。再次,讲求把握作战指挥中的各个环节,即用兵最重要的莫过于克敌制胜,作战最重要的莫过于隐蔽意图,行动最重要的莫过于出其不意,用计最重要的莫过于神妙难测。第四,侦察判断弄清敌情,知己知彼。最后,指出用兵的大忌是犹豫不决,将帅必须“见利不失,遇时不疑”,力求神速,迅速击垮敌人,取得胜利。

武王问太公曰:“攻伐之道奈何?”

太公曰:“势因于敌家之动[①],变生于两陈之间,奇正发于无穷之源[②]。故至事不语,用兵不言。且事之至者,其言不足听也;兵之用者,其状不足见也。倏而往[③],忽而来,能独专而不制者,兵也。夫兵,闻则议,见则图,知则困,辨则危。故善战者,不待张军;善除患者,理于未生[④];善胜敌者,胜于无形。上战无与战。故争胜于白刃之前者，非良将也；设备于已失之后者，非上圣也。智与众同，非国师也；技与众同，非国工也。事莫大于必克，用莫大于玄默⑤，动莫神于不意，谋莫善于不识。夫先胜者，先见弱于敌而后战者也⑥，故事半而功倍焉。

“圣人征于天地之动⑦，孰知其纪，循阴阳之道而从其候，当天地盈缩⑧，因以为常。物有死生，因天地之形。故曰，未见形而战，虽众必败。

“善战者，居之不挠，见胜则起，不胜则止。故曰，无恐惧，无犹豫。用兵之害，犹豫最大。三军之灾，莫过狐疑。善战者见利不失，遇时不疑。失利后时，反受其殃。故智者从之而不释，巧者一决而不犹豫。是以疾雷不及掩耳，迅电不及瞑目。赴之若惊，用之若狂，当之者破，近之者亡，孰能御之？

“夫将，有所不言而守者，神也；有所不见而视者，明也。故知神明之道者，野无衡敌，对无立国。”

武王曰：“善哉！”

〔注释〕

①势：态势，形势。底本作“资”，从《武经七书汇解》改为“势”。

②奇(jī)正发于无穷之源：出奇制胜和常规战术交替使用来自将帅无穷无尽的思想之源。

③倏(shū)：忽然。

④理于未生：（祸患）在未萌芽时就将其消灭，意思与“防患于未然”相

近。理，处理。

⑤玄默：沉默不语，缄默不言。《淮南子·主术训》："天道玄默，无容无则。"此处指隐蔽自己的战略意图。

⑥见（xiàn）：通"现"，展现。

⑦征：征候，引申为观察，洞察。

⑧天地盈缩：指日月的盈亏等自然界的盛衰变化。

〔译文〕

武王问太公道："攻伐敌国的战术是什么？"

太公答道："攻伐敌国的态势要根据敌人的行动而决定，战术的变化源于敌我双方临阵对垒的具体情况，出奇制胜和常规战术交替使用来自将帅无穷无尽的思想之源。所以，最重要的机密不能泄露，用兵的谋略不可言说。况且机密极为重要，仅凭言语描述是不足听信的；用兵的谋略，仅凭观察状况是不能完全掌握的。忽往忽来，独断专行而不受制于人，这就是用兵的原则。我军兴兵，敌方就会商议应对之策；我军行动，敌方就会设计算计图谋；了解我军企图，我军就会陷入困境；摸清我军规律，我军就会处于危险。所以善于用兵的，取胜于军队动用之前；善于消除祸患的，能够消除祸患于未然；善于取胜于敌的，能够取胜于无形之中。最高明的作战是不战而使敌人降服。因此，通过兵刃交锋而取胜的，不是良将；失败之后再来设置守备的，不是智士；智慧与一般人相同的，不能称为国师；技艺与一般人相同的，不能称为国工。用兵最重要的莫过于克敌制胜，作战最重要的莫过于隐蔽意图，行动最重要的莫过于出其不意，计谋最重要的莫过于神妙难测。凡是未战而先胜的，都是先对敌表现出虚弱之势,然后进行决战,这样便可事半而功倍。

“圣人观察天地的变化,熟悉其运行的规律,遵循阴阳运行规律而顺从物候的变化,以日月的盈亏等自然界的盛衰变化作为常规,万物的生死,取决于天地的变化。所以说,没有弄清战争的形势就作战,即使兵力众多,也必定失败。

“善于指挥作战的人,坚持主见,不被敌人所干扰,有把握就进攻,没把握就停止。所以说,无所恐惧,无所犹豫。用兵的害处,最大的便是将帅的犹豫;军队的灾难,最大的便是将帅的狐疑。善于打仗的人,看到有利的条件不放过,遇到有利的时机不迟疑。否则,失掉有利条件错过有利时机,自身反而会遭受祸殃。所以,明智的将帅抓住战机就不放过,灵敏的将帅一经决定便毫不迟疑。所以投入战斗,才能像迅雷使人不及掩耳,像闪电使人不及闭目。大军前进有如惊马飞奔,用兵之法有如狂风迅猛,阻挡者便被击破,靠近者均被消灭,这样的军队谁还能抵抗呢?

“将帅用兵,能不动声色而坚守用兵之道的称为神,情况未明而洞察秋毫的称为明。所以,掌握了神明的用兵之道,作战就没有势均力敌的对手,天下也就没有可以立足的敌国。”

武王说:“说得好啊!”

奇兵第二十七

〔题解〕

本篇阐明了用兵最重要的原则。开篇便提出战争的胜败由“神势”决定这一观点。“神势”,就是用兵如神的势态。太公强调拥有这种势态的就胜利,失去的就失败。随后,太公开列二十六种出奇制胜的治军策略,逐条阐释置军的区域、方式或缘由,并指出“不知战攻之策,不可以语敌;不能分移,不可以语奇;不通治乱,不可以语变”。最后,强调将帅应具备仁、勇、智、明、精微、常戒和强力七种素质,并再次强调将帅对于战事及国家的重要性,直言“得贤将者,兵强国昌;不得贤将者,兵弱国亡”。

武王问太公曰:“凡用兵之道,大要何如?”

太公曰:“古之善战者,非能战于天上,非能战于地下,其成与败,皆由神势。得之者昌,失之者亡。夫两陈之间,出甲陈兵,纵卒乱行者,所以为变也。深草蓊翳者①,所以逃遁也。溪谷险阻者,所以止车御骑也。隘塞山林者,所以少击众也。坳泽窈冥者②,所以匿其形也。清明无隐者,所以战勇力也。疾如流矢、如发机者[3],所以破精微也。诡伏设奇,远张诳诱者,所以破军擒将也。四分五裂者[4],所以击圆破方也。因其惊骇者,所以一击十也。因其劳倦暮舍者,所以十击百也。奇伎者,所以越深水,渡江河也。强弩长兵者,所以逾水战也。长关远候[5],暴疾谬遁者[6],所以降城服邑也。鼓行喧嚣者,所以行奇谋也。大风甚雨者,所以搏前擒后也。伪称敌使者,所以绝粮道也。谬号令,与敌同服者,所以备走北也。战必以义者,所以励众胜敌也。尊爵重赏者,所以劝用命也。严刑罚者,所以进罢怠也[7]。一喜一怒,一与一夺,一文一武,一徐一疾者,所以调和三军,制一臣下也。处高敞者,所以警守也。保险阻者,所以为固也。山林茂秽者[8],所以默往来也。深沟、高垒、粮多者,所以持久也。

"故曰,不知战攻之策,不可以语敌;不能分移,不可以语奇;不通治乱,不可以语变。故曰,将不仁,则三军不亲;将不勇,则三军不锐;将不智,则三军大疑;将不明,则三军大倾;将不精微,则三军失其机;将不常戒,则三军失其备;将不强力,则三军失其职。故将者,人之司命[9],三军与之俱治,与之俱乱。得贤将者,兵强国昌;不得贤将者,兵弱国亡。"

武王曰:"善哉!"

〔注释〕

①蓊(wěng)翳(yì):草木茂盛之貌。

②坳(ào)泽:低洼潮湿的地方。窈(yǎo)冥:幽暗。

③发机:拨动弩的机关。《淮南子·原道训》:“其用之也若发机。”

④四分五裂:此指把全军分成若干部分,散布到战场。

⑤长关远候:意为在边境设立关卡,侦察敌情。“长”与“远”同义,在远方或边境。“关”和“候”均为动词,意为设立关卡,侦察敌情。

⑥暴疾谬遁:行动迅速,假装逃走。

⑦罢(pí)怠:疲劳倦怠。罢,通“疲”,疲劳,疲乏。

⑧山林茂秽(huì):山林茂盛,杂草丛生。秽,杂草,陶渊明《归园田居》(其三):“晨兴理荒秽,戴月荷锄归。”

⑨司命:主宰命运。

〔译文〕

武王问太公道:“用兵之道,重要的原则有哪些?”

太公答道:“古代善于用兵的人,并不是能战于天上,也不是能战于地下,其成功或失败,在于用兵如神的势态。拥有这种势态的就昌盛,失去的就失败。当两军对阵交锋时,卸下铠甲,放下武器,放任士兵随意行走,目的是为了变诈以引诱敌人。于草木茂盛之地置军,是为了便于隐蔽撤退。于溪谷险阻之地置军,是为了阻止敌军的车兵和骑兵行动。于险隘关塞山林之地置军,是为了以少击众。于低谷、水泽等低湿幽暗之地置军,是为了隐蔽军队行动。于平坦开阔之地置军,是为了同敌人比勇斗力。行动快如飞箭,猛如拨弩机关,是为了击破敌军的精心布置。巧妙设伏,布置奇兵,虚张声势,诱骗敌人,是为了击败敌军,擒获敌将。全军分成若干部分,散布到战场,是为了打破敌人的圆阵和方阵。乘敌人惊慌失措之机发起进攻,是为了以一击十。乘敌人疲劳不堪、夜晚宿营之机发起突袭,是为了以十击百。利用奇异技术架桥造船,是为了越过深江大河。使用强弩和长柄兵器,是为了越水作战。在边境设立关卡,侦察敌情,行动迅速、假装逃走,是为了占领敌人的城池和土地。故意大声鼓噪喧嚣前进,是为了扰乱敌人耳目施行奇妙谋略。冒着大风暴雨天气展开行动,是为了攻击敌军前部并歼灭敌军后部。谎称敌人使者潜入敌后,是为了切断敌人粮道。诈用敌人号令,与敌军着装相同,是为了便于战败撤退。作战中打着正义的旗号,是为了激励士气战胜敌人。加封官爵,加重奖赏,是为了劝勉官兵拼死效命。严刑重罚,是为了使疲劳倦怠的将士振奋前进。有喜有怒,有赏有罚,有文有武,有慢有快,是为了协调全军意志,统一部属行动。占领高大开阔的地形,是为了警戒和守备。保住险隘要地,是为了稳固防御。于山深林密之地置军,是为了隐蔽军队的行动。挖深沟、筑高垒、多储粮,是为了持久作战。

“所以说,不懂得引兵进攻的策略,就谈不上商讨对敌作战;不会分散使用兵力,就谈不上商讨出奇制胜;不通晓军队治乱的方法,就谈不上商讨随机应变。所以说,将帅不仁慈,军队就不会拥护;将帅不勇敢,军队就没有战斗力;将帅不机智,军队就会心生疑虑;将帅不精明,军队就会遭到惨败;将帅不周密,军队就会失掉战机;将帅不警觉,军队就会疏于戒备;将帅不强硬,军队就会玩忽职守。所以,将帅是军队的主宰,军队同他一起严整,一道混乱。得到了贤明精干的将帅,军队就会强大,国家就会昌盛;得不到贤明精干的将帅,军队就会衰弱、国家就会覆灭。”

武王说:“您说得好啊!”

五音第二十八

〔题解〕

本篇介绍了用五音配合五行来观察和判断敌情的具体方法。开篇论及五音和五行的组成，并强调其遵循自然运行的规律，随后阐述根据律管回声进行战略安排的具体方法。本篇具有浓厚的兵阴阳学的色彩，将兵法与五音、五行相联系，缺乏一定科学精神和理性精神，也不便于在战争中践行。

武王问太公曰："律音之声，可以知三军之消息[①]，胜负之决乎？"

太公曰："深哉，王之问也！夫律管十二[②]，其要有五音：宫、商、角、徵、羽[③]。此其正声也，万代不易。五行之神[④]，道之常也，可以知敌。金、木、水、火、土，各以其胜攻之。

"古者三皇之世[⑤]，虚无之情，以制刚强。无有文字，皆由五行。五行之道，天地自然。六甲之分[⑥]，微妙之神。其法，以天清净，无阴云风雨，夜半，遣轻骑往至敌人之垒，去九百步外，偏持律管当耳[⑦]，大呼惊之。有声应管，其来甚徵。角声应管，当以白虎[8]；徵声应管，当以玄武[9]；商声应管，当以朱雀[10]；羽声应管，当以勾陈[11]；五管声尽不应者，宫也，当以青龙[12]。此五行之符，佐胜之征，成败之机。”

武王曰：“善哉！”

太公曰：“微妙之音，皆有外候[13]。”

武王曰：“何以知之？”

太公曰：“敌人惊动则听之。闻枹鼓之音者[14]，角也；见火光者，徵也；闻金铁矛戟之音者，商也；闻人啸呼之音者，羽也；寂寞无闻者，宫也。此五者，声色之符也。”

〔注释〕

①消息：此处指盛衰。消，消减，衰弱。息，滋生，增长。

②律管：即定音管，古代正音的乐器，用竹、玉或铜制成，因古代将一个八度分为十二个半音，所以表示半音的律管共有十二个。各管按音阶由低到高依次为黄钟、大吕、太簇（cù）、夹钟、姑洗、中吕、蕤（ruí）宾、林钟、夷则、南吕、无射（yì）、应（yìng）钟。十二律之中，奇数律又称“律”，故有六律，偶数律又称“吕”，故有六吕，合起来称为“律吕”。

③宫、商、角（jué）、徵（zhǐ）、羽：总称“五音”，即古代的五个音阶，相当于现代简谱中的1（do）、2（re）、3（mi）、5（so）、6（la）。古代还有“七音”之说，即在五音基础上加入变徵与变宫两个音，变徵即现代简谱的4（fa），变宫即现代简谱的7（xi）。古代的阴阳五行家以五音与五行比附在一起，宫属土，商属金，角属木，徵属火，羽属水。

④五行（xíng）：古代阴阳家构建的一项系统理论，其主要观点认为天地间万物都是由金、木、水、火、土五种物质构成。五种元素相生，木生火，火生土，土生金，金生水，水生木；五种元素又相克，水克火，火克金，金克

木，木克土，土克水。

⑤三皇：神话传说中的远古帝王，具体所指说法不一，或以伏羲、燧人、神农，或以祝融、女娲、神农，或以伏羲、祝融、神农，或以伏羲、共工、神农为三皇。古代又有“五帝”之说，司马迁《史记》开篇即为《五帝本纪》，记录黄帝、帝喾、颛（zhuān）顼（xū）、尧和舜五位远古帝王。“三皇”这一称谓流行后，便与“五帝”一称合并为“三皇五帝”作为中华远古帝王的代表。

⑥六甲：古代用天干（甲、乙、丙、丁、戊、己、庚、辛、壬、癸）与地支（子、丑、寅、卯、辰、巳、午、未、申、酉、戌、亥）相配计算时日，其中甲子、甲戌、甲申、甲午、甲辰、甲寅六个以甲为首的干支称六甲。

⑦偏：通“遍”。普遍，都。

⑧白虎：中国古代天文学把黄道上的恒星分为二十八个星座，称二十八宿（xiù），其中西方七宿合称为白虎。白虎星宿因位于西方，后代指西方，并与东方青龙、南方朱雀和北方玄武合称“四象”。五音中的“角”与西方联系，故谓“当以白虎”。

⑨玄武：本是北方七宿的合称，又代指北方，如后世的玄武门、玄武湖均位于城市北部。玄武的形象为龟和蛇的合体。五音中的“徵”与北方联系，故谓“当以玄武”。

⑩朱雀：本是南方七宿的合称，又代指南方。五音中的“商”与南方联系，故谓“当以朱雀”。

⑪勾陈：古代天文学所定星座，包括六颗恒星，勾陈即北极星。从地球上看，北极星位置不变，为群星所环绕，因此又代指中央。五音中的“羽”与中央联系，故谓“当以勾陈”。

⑫青龙：本是东方七宿的合称，又代指东方。五音中的“宫”与东方联系，故谓“当以青龙”。

⑬外候：显露于外的迹象。

⑭枹（fú）鼓：鼓槌。

〔译文〕

武王问太公道：“从律管发出的声音，可以判断军队的盛衰，预测战事的胜负吗？”

太公答道：“深奥啊，君王所问的这个问题！律管共有十二个音阶，其中主要的有五个：宫、商、角、徵、羽，这是最纯正的声音，世世代代不会改变。五行思想神妙无比，乃是天地自然运行的规律，由此可以预知敌情。金、木、水、火、土五行，各以其过胜之处互相克制。

“三皇的时候，崇尚清虚无为，并以此克制刚强暴虐。没有文字，一切都按照五行生克行事。五行相互生克，就是天地演变的自然规律。六甲的区分，也蕴含着十分微妙的神机。运用五音、五行探知敌情的方法是：天气清明晴朗，没有阴云风雨时，在半夜派遣轻骑前往敌人营垒，在距离敌营九百步以外的地方，都手持律管对着耳朵，向敌方大声疾呼以惊动他们。这时，就会有来自敌方的回声从律管中传来，这回声非常微弱。如果律管传来角声，就应当从白虎所代表的西边攻打敌人；如果律管传来徵声，就应当从玄武所代表的北边攻打敌人；如果律管传来商声，就应当从朱雀所代表的南边攻打敌人；如果律管传来羽声，就应当从勾陈所代表的中央攻打敌人；如果所有律管都没有回声，是宫声的反应，就应当从青龙所代表的东边攻打敌人。这些就是五行生克的符验，辅佐我军制胜的征兆，胜败与否的先机。”

武王道：“太妙了！”

太公说：“微妙的音律，都有外在的征候迹象。”

武王问：“怎么才能知道呢？”

太公道：“当敌人被惊动时就仔细倾听。听到鼓槌敲击之声，角声与之对应；见到火光，徵声与之对应；听到金铁矛戟击打之声，商声与之对应；听到敌人呼叫之声，羽声与之对应；寂静无声，宫声与之对应。这五种迹象，说明五音之声与外界是相符合的。”

兵征第二十九

〔题解〕

本篇首先明确提出,可以通过敌军的精神作为征兆预见战事的胜败。开篇首先提出“胜负之征,精神先见”这一观点,随后论述了通过士气高低与否、军阵治乱与否以及军纪严弛与否来判断敌军强弱的方法,预测出战事的结果。最后谈到通过“望气”的方法来判断城邑是否可以攻克,具有较强的虚妄色彩,几乎不具备在战事中的可操作性。

武王问太公曰:“吾欲未战先知敌人之强弱,豫见胜负之征[①],为之奈何?”

太公曰:“胜负之征,精神先见。明将察之,其败在人[②]。谨候敌人出入进退,察其动静,言语妖祥[③],士卒所告。凡三军说怿[④],士卒畏法,敬其将命,相喜以破敌,相陈以勇猛,相贤以威武,此强征也。三军数惊,士卒不齐,相恐以敌强,相语以不利,耳目相属[⑤],妖言不止,众口相惑,不畏法令,不重其将,此弱征也。三军齐整,陈势已固,深沟高垒,又有大风甚雨之利,三军无故,旌旗前指，金铎之声扬以清，鼙鼓之声宛以鸣[⑥]，此得神明之助，大胜之征也。行陈不固，旌旗乱而相绕，逆大风甚雨之利，士卒恐惧，气绝而不属[⑦]，戎马惊奔，兵车折轴，金铎之声下以浊，鼙鼓之声湿如沐[⑧]，此大败之征也。

“凡攻城围邑：城之气色如死灰，城可屠；城之气出而北，城可克；城之气出而西，城必降；城之气出而南，城不可拔；城之气出而东，城不可攻；城之气出而复入，城主逃北；城之气出而覆我军之上，军必病；城之气出高而无所止，用日长久[⑨]。凡攻城围邑，过旬不雷不雨[⑩]，必亟去之[⑪]，城必有大辅。此所以知可攻而攻，不可攻而止。”

武王曰：“善哉！”

〔注释〕

①豫见（xiàn）胜负之征：想要显现胜利或失败的征兆。豫，通“预”。见，通“现”，显现。

②其败在人：有版本此句为“其效在人”。

③妖祥：吉凶之兆。妖，凶恶。祥，吉祥。

④说怿（yì）：喜悦，愉悦。说，同“悦”，喜悦。怿，欢喜。《诗经·静女》：“静女其娈，贻我彤管。彤管有炜，说怿女美。”

⑤属（zhǔ）：连接。“耳目相属”意为不断打听，互相传递小道消息。

⑥鼙（pí）鼓：军中所用小鼓。军中鼓手击鼓发出号令。《周礼·夏官·大司马》：“中军以鼙令鼓，鼓人皆三鼓，司马振铎，群吏作旗，车徒皆

作鼓行。”

⑦不属：不相连接，此处引申为涣散。

⑧湿如沐：像被雨淋湿一般。前文言“扬以清……宛以鸣……下以浊”，疑此“如”字应作“以”。

⑨用日长久：有版本此句为“用兵长久”。

⑩过旬不雷不雨(yù)：超过十天不打雷也不下雨。一旬为十天。

⑪必亟去之：必须赶快离开所攻打的城邑。亟，急，赶快。去，离开。

〔译文〕

武王问太公道：“我想在未交战之前就先知道敌人的强弱，想要显现胜利或失败的征兆，应该怎么办？”

太公答道：“胜利或失败的征兆，会在敌人精神上表现出来。精明的将帅能够察觉，胜败的征兆由人展现出来。周密地侦察敌人出入进退的情况，观察他们的动静，言语中的吉凶征兆以及士卒相互议论的事情。大凡全军喜悦，士卒畏惧法令，尊重将帅命令，谈论起破敌都备感欣喜，谈起勇猛都引以为荣，谈起威武都肃然起敬，这是军队战斗力强大的征兆。如果全军上下互相惊扰，士卒散乱行列不整，相互恐慌于敌人的强悍，相互传播作战不利的消息，相互议论纷纷，谣言不被制止，互相传播疑惑，不畏惧法令，不尊重将帅，这是军队战斗力虚弱的征兆。全军步调一致，阵势坚固，深深的沟壑和高高的壁垒，又凭借大风大雨的有利气候条件，三军整装待发，旌旗指向前方，金铎之声高扬清亮，鼙鼓之声婉转嘹亮，这是军队得到神明的帮助，必将大胜的征兆；行阵不稳固，旌旗纷乱而且互相缠绕，又逆着大风大雨的不利气候条件，士卒惊恐慌张，士气衰竭而涣散，军马惊骇狂奔，战车的车轴折断，金铎之声低沉混浊，鼙鼓之声沉闷压抑，这是军队大败的征兆。

“凡是攻打包围城市：如果城上的云气是死灰之色，城可被摧毁；如果城上的云气涌出并向北流动，城可被攻克；如果城上的云气涌出并向西流动，城必定投降；如果城上的云气涌出并向南流动，城就不可攻克；如果城上的云气涌出并向东流动，城就不可进攻；如果城上的云气涌出后又进入，守城的主将必定弃城逃跑；如果城上的云气涌出并覆盖我军，我军必遭不利；如果城上的云气涌出很高并没有停止，作战一定历时长久。凡是攻打围邑，如果过了十天不打雷也不下雨，必须赶快离开，因为城中一定有贤人的辅助。这便是懂得有条件就进攻，条件不允许就停止的道理。”

武王说：“好啊！”

农器第三十

〔题解〕

本篇提出“战攻守御之具，尽在人事”的命题，并深刻揭示和不忘战的重要理念。开篇即明言“天下安定，国家无事”之时，必须修“战攻之具”，设“守御之备”。随后，论述在平日农事生产中寓兵于农、兵农合一的具体方法，主要包括：平时的生产器具，战时可转化为武器；平时的生产技术，战时可转化为战斗技术；平时乡里的行政组织，战时可转化为军事组织；平时的农业设施，战时可转化为军事工程。本篇最后归纳，富国强兵之道要从百姓农事生产生活中汲取并实现。

武王问太公曰：“天下安定，国家无事，战攻之具可无修乎？守御之备可无设乎？”

太公曰：“战攻守御之具，尽在于人事。耒耜者①，其行马蒺藜也②。马牛车舆者，其营垒蔽橹也③。锄耰之具④，其矛戟也。蓑薜簦笠者⑤，其甲胄干楯也⑥。镢锸斧锯杵臼⑦，其攻城器也。牛马，所以转输粮用也。鸡犬，其伺候也。妇人织纴，其旌旗也。丈夫平壤，其攻城也。春钹草棘[8]，其战车骑也。夏耨田畴[9]，其战步兵也。秋刈禾薪，其粮食储备也。冬实仓廪，其坚守也。田里相伍[10]，其约束符信也[11]。里有吏，官有长，其将帅也。里有周垣[12]，不得相过，其队分也。输粟收刍[13]，其廪库也。春秋治城郭，修沟渠，其堑垒也。故用兵之具，尽在于人事也。善为国者，取于人事。故必使遂其六畜[14]，辟其田野，安其处所。丈夫治田有亩数，妇人织纴有尺度[15]，是富国强兵之道也。”

武王曰：“善哉！”

〔注释〕

①耒（lěi）耜（sì）：古代耕地翻土的农具，形状与犁相似。耒为柄，常以木制成，耜为铲，常以铁制成。

②行马蒺（jí）藜（lí）：军事上的防御工事。行马，即拒马，用以堵塞道路的障碍器材。蒺藜，一种形如蒺藜、带有尖刺的障碍物。

③蔽橹（lǔ）：用来遮蔽防身的大盾牌。《孙子兵法·作战》：“甲胄矢弩，戟楯蔽橹。”

④锄耰（yōu）：古代农具。锄，弄松土地及除草的农具。耰，弄碎土块、平整土地的农具。

⑤蓑（suō）薜（bì）簦（dēng）笠：古代遮雨的工具。蓑薜，草编的雨衣。簦，古代有柄的笠，像现在的雨伞。笠，用竹篾或棕皮编制的遮阳挡雨的帽子。

⑥干楯（dùn）：盾牌。

⑦䦆（jué）锸（chā）斧锯杵（chǔ）臼（jiù）：锄头、铁锹、斧头、锯和棒槌。䦆，一种形似锄头的刨土农具。锸，铁锹，掘土的工具。杵臼，舂捣粮

食或药物等的工具。

⑧春钹(pō)草棘：春天斩除杂草荆棘。钹，古代农具，是两边有钩、有刃，下有长木柄的镰刀，此处用作动词，意思是割。

⑨夏耨(nòu)田畴：夏天为田地除草。耨，古代锄草的农具，此处用作动词，意思是除草。

⑩田里相伍：农家五户为伍。

⑪符信：依据。

⑫周垣(yuán)：四周的围墙。

⑬输粟收刍(chú)：输送粮食，收取草料。刍，喂饲牛马的草料。

⑭六畜：马、牛、羊、鸡、犬、豕。《左传·昭公二十五年》"为六畜"杜预注曰："为六畜：马、牛、羊、鸡、犬、豕。"

⑮纴(rèn)：织布帛的丝缕。

〔译文〕

武王问太公道："天下安定，国家没有战争，野战、攻城的器械，可以不修造吗？防守御敌的装备设施，可以不设置吗？"

太公答道："战时的攻战守御器材，实际上全在人们平时的生产活动中。耕作所用耒耜，可用作拒马、蒺藜等障碍器材。马车和牛车，可用作营垒和蔽橹等屏障器材。锄头、榔头等农具，可用作战斗的矛戟。蓑衣、雨伞和斗笠等雨具，可用作战斗的盔甲和盾牌。锄头、锹、斧头、锯和杵臼等，可用作攻城的器械。牛马，可用来转运军粮。鸡狗，可用来报时和警戒。妇女纺织的布帛，可用来制作战旗。男子平整土地，就像是攻城训练。春季割草除棘，就像同敌军车兵骑兵作战。夏季耘田锄草，就像同敌军步兵作战。秋季收割庄稼柴草，就像是储备军粮。冬季粮食堆满仓库，就是为战时的长期坚守做准备。同村同里的人，平时相编为伍,便成为战时军队编组和管理的依据。里设长吏,官府有长,战时便可充任军队的将帅。里与里之间修筑围墙,彼此之间不得越过,战时就是军队的驻地划分。运输粮食,收割饲料,就是战时军队的粮草仓库。春天和秋天修筑城郭和沟渠,如同战时修治壁垒沟壕。所以说,作战的器具,全部存在于人们的日常农事生活中。善于治理国家的君主,取法于农事。所以必须使农民大力蓄养六畜,开垦田地,安居乐业。男子种田达到一定的亩数,妇女纺织达到一定的尺度,这就是富国强兵的方法。”

武王说:“说得好啊!”

卷四　虎韬

军用第三十一

〔题解〕

本篇主要围绕兴兵打仗所需军用器械的种类、数量和设置等问题展开论述。首先提出“攻守之具，各有科品，此兵之大威”的观点。随后以一万人的军队为例，详细罗列了陷坚阵、败强敌，败步骑，要穷寇、遮走北等情况下所需兵器的种类、数量、编配和运用。最后指出万人部队中，强弩六千、戟盾二千、矛盾二千的武器分配比例，以及需配备的负责器材维修的工匠人数。

武王问太公曰：“王者举兵，三军器用，攻守之具，科品众寡[1]，岂有法乎？”

太公曰：“大哉，王之问也！夫攻守之具，各有科品，此兵之大威也。”

武王曰：“愿闻之。”

太公曰：“凡用兵之大数，将甲士万人，法用武冲大扶胥三十六乘[2]，材士强弩矛戟为翼，一车二十四人推之。以八尺车轮，车上立旗鼓。兵法谓之震骇，陷坚陈，败强敌。武翼大橹矛戟扶胥七十二具[3]，材士强弩矛戟为翼。以五尺车轮，绞车连弩自副[4]，陷坚陈，败强敌。提翼小橹扶胥一百四十具，绞车连弩自副。以鹿车轮[5]，陷坚陈，败强敌。大黄参连弩大扶胥三十六乘，材士强弩矛戟为翼。飞凫、电影自副[6]。飞凫赤茎白羽[7]，以铜为首；电影青茎赤羽，以铁为首。昼则以绛缟，长六尺，广六寸，为光耀；夜则以白缟，长六尺，广六寸，为流星。陷坚陈，败步骑。大扶胥冲车三十六乘，螳螂武士共载[8]，可以纵击横，可以败敌。辎车骑寇[9]，一名电车，兵法谓之电击。陷坚陈，败步骑。寇夜来前。矛戟扶胥轻车一百六十乘，螳螂武士三人共载，兵法谓之霆击。陷坚陈，败步骑。

“方首铁棓维盼[10]，重十二斤，柄长五尺以上，千二百枚，一名天棓。大柯斧，刃长八寸，重八斤，柄长五尺以上，千二百枚，一名天钺。方首铁锤，重八斤，柄长五尺以上，千二百枚，一名天锤。败步骑群寇。飞钩，长八寸，钩芒长四寸，柄长六尺以上，千二百枚，以投其众。

〔注释〕

①科品众寡：种类、品类多少。

②武冲大扶胥(xū)：设有大盾的大型战车。武冲，一种战车，又名冲车。扶胥，即“扶苏”，装有盾牌的战车。乘(shèng)：古代战车计量单位。

③武翼大橹矛戟扶胥：装备有大盾牌和矛戟的战车。

④绞车连弩：利用绞车张弓为动力，能连续发射箭矢的强弩。

⑤以鹿车轮：车轮高度与鹿车相同。鹿车，一种以人力推动的小车。

⑥飞凫、电影：箭名。一说为旗帜。

⑦赤茎白羽：红色箭杆，饰以白色羽毛。茎，箭杆。

⑧螳螂武士：双手持刀的武士，因形似螳螂，故名。

⑨辎(zī)车骑寇：一种往来迅速的车骑部队。辎车为辎重车，属于大车，这与前后文意及下文所言“电车”矛盾，怀疑此“辎”为“輕(轻)”字之误。骑寇，指乘骑偷营劫寨的人。

⑩方首铁棓(bàng)维朌(fén)：方形而大头的铁棒。棓，古同“棒”，棒子。朌，头大的样子。

〔译文〕

武王问太公道：“君王兴兵作战，军队的武器装备和攻守器械，其种类和数量的多少，有一定的标准吗？”

太公答道：“您的问题，确实是一个大问题啊！攻守器械的种类和数量，各有不同，这是事关军队威力强弱的大问题。”

武王道：“我想听听详细内容。”

太公道：“大凡用兵作战，武器装备有大概的标准，统率甲士万人的武器装备标准：名为武冲大扶胥的战车三十六辆，以勇猛的武士使用强弩、矛、戟在两旁护卫，每车用二十四人推行。其车轮的高度为八尺，车上竖立旗帜，摆放军鼓。兵法上把这种战车叫作震骇，可用它攻破坚阵，击败强敌。名为武翼大橹矛戟扶胥的战车七十二辆，以勇猛的武士使用强弩、矛、戟在两旁护卫。其车轮高五尺，并附设用绞车发射的连弩，可用它攻破坚阵，击败强敌。名为提翼小橹扶胥的战车一百四十辆，附设用绞车发射的连弩。战车的车轮与鹿车等高，可用它攻破坚阵，击败强敌。名为大黄参连弩大扶胥的战车三十六辆，以勇猛的武士使用强弩、矛、戟在两旁护卫。附设称作飞凫和电影的箭矢。飞凫用红色箭杆、白色羽毛制成，用铜做箭头；电影用青色箭杆、红色羽毛制成，用铁做箭头。战车上的旌旗，白天用大红色的绢，其长六尺，宽六寸，名叫光耀；夜间用白色的绢，其长六尺，宽六寸，名叫流星。这种战车可用来攻破坚阵，击败强敌。名为大扶胥冲车的战车三十六辆，车上乘载称作双手持刀的螳螂武士，可用纵列冲击敌军的横列，击败强敌。辎车骑寇，也叫电车，兵法上称为电击。可以用来攻破坚阵，击败敌人步骑。敌人趁黑夜前来突袭，应该用名为矛戟扶胥轻车的战车一百六十辆，每车上载乘螳螂武士三人，兵法上称为霆击。可用来攻破坚阵，击败敌人步骑。

"方形而大头的铁棒，重十二斤，柄长五尺以上，设置一千二百把，又名天棓。大柄的斧，刃长八寸，重八斤，柄长五尺以上，设置一千二百把，又名天钺。方头的铁锤，重八斤，柄长五尺以上，设置一千二百把，又名天锤。可以击退敌人的步兵和骑兵。飞钩，长八寸，钩尖长四寸，柄长六尺以上，设置一千二百枚，可以用来投杀敌人。

"三军拒守，木螳螂剑刃扶胥，广二丈，百二十具，一名行马。平易地，以步兵败车骑。木蒺藜，去地二尺五寸，百二十具。败步骑，要穷寇[①]，遮走北。轴旋短冲矛戟扶胥，百二十具，黄帝所以败蚩尤氏[②]。败步骑，要穷寇，遮走北。狭路、微径，张铁蒺藜，芒高四寸，广八寸，长六尺以上，千二百具，败步骑。突暝来前促战[③]，白刃接，张地罗[4]，铺两镞蒺藜[5]，参连织女[6]，芒间相去二寸，万二千具。旷野草中，方胸铤矛[7]，千二百具，张铤矛法，高一尺五寸。败步骑，要穷寇，遮走北。狭路、微径、地陷，铁械锁参连，百二十具。败步骑，要穷寇，遮走北。

“垒门拒守，矛戟小橹十二具，绞车连弩自副。三军拒守，天罗虎落锁连，一部广一丈五尺，高八尺，百二十具。虎落剑刃扶胥，广一丈五尺，高八尺，五百二十具。

“渡沟堑，飞桥，一间广一丈五尺，长二丈以上，着转关辘轳[8]，八具，以环利通索张之。渡大水，飞江，广一丈五尺，长二丈以上，八具，以环利通索张之。天浮铁螳螂[9]，矩内圆外，径四尺以上，环络自副，三十二具。以天浮张飞江，济大海，谓之天潢，一名天舡[10]。

“山林野居，结虎落柴营，环利铁锁，长二丈以上，千二百枚。环利大通索，大四寸，长四丈以上，六百枚。环利中通索，大二寸，长四丈以上，二百枚。环利小徽缧[11]，长二丈以上，万二千枚。天雨，盖重车上板，结枲钽铻[12]，广四尺，长四丈以上，车一具，以铁杙张之[13]。

“伐木大斧，重八斤，柄长三尺以上，三百枚。棨馒[14]，刃广六寸，柄长五尺以上，三百枚。铜筑固为垂，长五尺以上，三百枚。鹰爪方胸铁耙，柄长七尺以上，三百枚。方胸铁叉，柄长七尺以上，三百枚。方胸两枝铁叉,柄长七尺以上,三百枚。芟草木大镰[15],柄长七尺以上,三百枚。大橹刀,重八斤,柄长六尺,三百枚。委环铁杙,长三尺以上,三百枚。椓杙大锤[16],重五斤,柄长二尺以上,百二十具。

“甲士万人,强弩六千,戟楯二千,矛楯二千。修治攻具、砥砺兵器[17],巧手三百人。此举兵军用之大数也。”

武王曰:“允哉!”

〔注释〕

①要(yāo)穷寇:半路拦截撤退逃跑的敌军。

②蚩尤氏:神话传说中的九黎族首领,被誉为“兵主”,有兄弟八十一人,均兽身人头,能呼风唤雨,勇猛善战。《山海经·大荒北经》载蚩尤与黄帝争夺中原,后失败被杀:“蚩尤作兵伐黄帝,黄帝乃令应龙攻之冀州之野。应龙畜水,蚩尤请风伯、雨师,纵大风雨。黄帝乃下天女曰魃,雨止,遂杀蚩尤。”

③突暝(míng)来前促战:夜幕降临时与敌军交战。暝,底本作“瞑”,疑为形近而讹。促,靠近,紧迫。

④地罗:地网。

⑤铺两镞(zú)蒺藜:铺设带有两个芒刺的蒺藜。镞,箭头。

⑥参连织女:将蒺藜连缀在一起的障碍物。织女,本是类似蒺藜的草,此处指带有尖刺的障碍物。

⑦方胸铤(chán)矛:齐胸高的小矛,用以插在地上作为障碍物。铤,短柄小矛。

⑧转关辘(lù)轳(lú):一种利用滑轮制作的起重装置。

⑨天浮：有较大浮力的浮游器材。铁螳螂：固定天浮的铁锚。

⑩舡（chuán）：同“船”。

⑪缧（léi）：绳索。

⑫结枲（xǐ）钽（jǔ）铻（yǔ）：以麻编织的栉齿状篷布。枲：麻绳。钽铻：栉齿状物。

⑬铁杙（yì）：铁制的桩子。杙，小木桩。

⑭棨（qǐ）镢（jué）：大锄头。

⑮芟（shān）草木大镰：割草木的大镰刀。

⑯椓（zhuó）杙（yì）大锤：打桩用的大锤。椓，敲击。

⑰砥砺：本义是磨刀石，此处意为磨炼、磨利。

〔译文〕

“军队防守时，应使用一种名为木螳螂剑刃扶胥的战具，每具宽两丈，设置一百二十具，也叫行马。在平坦开阔的地形上，步兵可以凭借它击败敌军的骑兵和车兵。木蒺藜，放置时要高于地面二尺五寸，设置一百二十具。可以用来阻碍敌步骑行动，半路拦截敌军使其力竭，堵截撤退逃跑的敌人。名为轴旋短冲矛戟扶胥的战车一百二十辆，在上古时代，黄帝打败蚩尤用的就是这种战车。可以用来击败敌人的步骑，半路拦截敌军使其力竭，堵截撤退逃跑的敌人。在狭窄的小道上，可以设置铁蒺藜，它的刺长四寸，宽八寸，每具长六尺以上，共设一千二百具，可用来阻碍敌人步骑行动。夜幕降临时与敌军交战，白刃相接，这时应张设地网，铺设带有两个芒刺的蒺藜，并将蒺藜连缀在一起成为组合障碍物，每具芒尖相距二寸，共设一万二千具。在旷野草地作战，应设置名为方胸铤矛的障碍物共一千二百具，布设铤矛的方法，是使它高出地面一尺五寸。以上这些器具，可以用来击败敌人的步骑，半路拦截敌军使其力竭，堵截撤退逃跑的敌人。在窄路、小道和低洼的地形上，可以张设名为铁械锁参连的障碍物，共设一百二十具。可以用来击败敌人的步骑，半路拦截敌军使其力竭，堵截撤退逃跑的敌人。

“营门据守敌军，应使用矛、戟、小橹十二具，并附设绞车连弩。军队守御营门，应布置天罗虎落锁连的障碍物，每部宽一丈五尺，高八尺，设置一百二十具。布置名为虎落剑刃扶胥的战车，宽一丈五尺，高八尺，设置五百二十具。

“渡越沟堑，要设置飞桥，每座飞桥宽一丈五尺，长二丈以上，飞桥上装备转关辘轳，设置八具，用铁环和长绳连接铺设。横渡宽的江河，要使用名为飞江的浮桥，宽一丈五尺，长二丈以上，设置八具，用铁环和长绳连接铺设。用名为铁螳螂的铁锚固定名为天浮的浮游器材，内方外圆，直径四尺以上，用铁环、长绳和网联结，设置三十二具。用天浮这一浮游器材架设飞江，可以横渡极宽的河面，这种渡河工具叫作天潢，也叫天舡。

“军队在山林旷野宿营，应构筑营垒虎落柴营，用铁锁环环相连，每条长二丈以上，设置一千二百条。带铁环的粗大绳索，粗四寸，长四丈以上，设置六百条。带铁环的中等绳索，粗两寸，长四丈以上，设置二百条；带铁环的小号绳索，每条长二丈以上，设置一万二千条。天下雨时，用辎重车的盖板，盖板周围以麻编织的栉齿状篷布，每副盖板宽四尺，长四丈以上，每辆车配置一副并用铁制的桩子加以固定。

“砍伐树木用的大斧，重八斤，柄长三尺以上，设置三百把。名为棨䦆的大锄头，刃宽六寸，柄长五尺以上，设置三百把。名叫铜筑固的大锤，长五尺以上，设置三百把。名为鹰爪方胸的铁耙，柄长七尺以上，设置三百把。名为方胸铁叉的叉子，柄长七尺以上，设置三百把。名为方胸两枝的铁叉，柄长七尺以上，设置三百把。割除草木用的大镰，柄长七尺以上，设置三百把。名为大橹刀的割草工具，重八斤，柄长六尺，设置三百把。带环的铁桩子，长三尺以上，设置三百个。打桩用的大锤，重五斤，柄长二尺以上，设置一百二十把。

“一万人的军队，六千人装备强弩，两千人装备戟和盾，两千人装备矛和盾。再加上修理器械、磨快兵器的能工巧匠三百人。以上就是兴兵作战所用军需的大致数目。”

武王说：“您说得太好了！”

三陈第三十二

〔题解〕

本篇将天、地、人“三才”学说，与排兵布阵相结合，较为简略地论述了布列阵势的三种方法。其中，天阵需根据各种天象布列阵势，地阵需根据各种地形布列阵势，人阵需根据不同战法布列阵势。

武王问太公曰：“凡用兵为天陈、地陈、人陈，奈何？”

太公曰：“日月、星辰、斗杓[①]，一左一右，一向一背[②]，此谓天陈。丘陵水泉，亦有前后左右之利，此谓地陈。用车用马，用文用武，此谓人陈。”

武王曰：“善哉！”

〔注释〕

①斗杓(biāo)：古代指北斗第五、六、七颗星，亦称“斗柄”。古代的北斗七星，由紫微垣中的天枢、天璇、天玑、天权、玉衡、开阳和摇光七星组成，古人把七星图像想象成为舀酒的斗形，故名北斗。北斗七星中的天

枢、天璇、天玑和天权四星组成斗身，又称“魁”，玉衡、开阳和摇光三星组成斗柄，又称“杓”。

②一向一背：指一前一后，前为向，后为背；或指一正一反，正为向，反为背。

〔译文〕

武王问太公道：“大凡用兵之法，所谓天阵、地阵、人阵，是怎么回事？”

太公答道：“根据日月、星辰、北斗星斗柄的位置，来布置左右、前后的具体阵法，就是天阵。根据丘陵水泽的前后、左右地形条件来布阵，就是地阵。根据使用战车或骑兵、文将智谋或武将勇力等不同战法来布阵，就是人阵。”

武王说：“好啊！”

疾战第三十三

〔题解〕

本篇论述了急速突围的方法。太公强调，当我军被敌人包围，甚至粮道也被断绝，成为“困兵”的时候，应该以最快的速度突围，迅速摆脱不利的处境，如果行动迟疑就会失败，还应注意合理运用战车及骑兵。突围成功后，如想乘机取胜，应以左右佯攻为先，以中路主力突破为要。

武王问太公曰：“敌人围我，断我前后，绝我粮道，为之奈何？”

太公曰：“此天下之困兵也。暴用之则胜①，徐用之则败②。如此者，为四武冲陈③，以武车骁骑惊乱其军而疾击之，可以横行。”

武王曰：“若已出围地，欲因以为胜，为之奈何？”

太公曰：“左军疾左，右军疾右，无与敌人争道，中军迭前迭后。敌人虽众，其将可走。”

〔注释〕

①暴：突然地，迅速地。与下句的“徐”相对。

②徐:缓慢地。

③四武冲陈:四面都配置武冲大扶胥战车进行警戒的阵形。

〔译文〕

武王问太公道:"如果敌人从四面包围我军,切断我军前后的联系,断绝我军的粮道,在这种情况下该怎么办?"

太公答道:"这是天下处于困境的军队。急速突围就能胜利,行动迟疑就会失败。像这种情形,把部队布成四面都配置武冲大扶胥战车进行警戒的阵形,使用强大的战车和骁勇的骑兵,打乱敌军部署后迅速突击,这样就可以畅行无阻地突围了。"

武王问道:"如果我军已成功地突出重围,并想乘势取胜,该怎么办呢?"

太公答道:"应该以我军左路迅速向敌军左翼发起攻击,以我军右路迅速向敌军右翼发起攻击,不要和敌人过分争夺一地,同时以我军主力中军向敌军前后轮番突击。这样,即使敌军众多,他的主将也会被打败。"

必出第三十四

〔题解〕

本篇论述了突围作战的方法。面对深入敌国境内,敌人从四面包围我军以及敌众我寡等不利局面,突围作战要注重兵器的择取与将士斗志的昂扬。具体的突围方法:了解敌情,选择敌人力量薄弱的区域为突破口,时机选择在夜间进行,突围时应高度重视先锋部队、跟随部队及殿后埋伏部队的部署;渡过大河、宽沟和深坑时,注意合理运用渡河器材,明告将士危难情况,鼓励士卒破釜沉舟,在借助烽火信号和有利地形条件的情况下,突出敌军包围。

武王问太公曰:“引兵深入诸侯之地,敌人四合而围我,断我归道,绝我粮食。敌人既众,粮食甚多,险阻又固。我欲必出,为之奈何?”

太公曰:“必出之道,器械为宝,勇斗为首。审知敌人空虚之地,无人之处,可以必出。将士人持玄旗[①],操器械,设衔枚[②],夜出。勇力、飞足、冒将之士居前[③],平垒为军开道;材士强弩为伏兵,居后;弱卒车骑居中。陈毕徐行，慎无惊骇。以武冲扶胥，前后拒守，武翼大橹，以备左右。敌人若惊，勇力、冒将之士，疾击而前；弱卒车骑，以属其后；材士强弩，隐伏而处。审候敌人追我，伏兵疾击其后，多其火鼓，若从地出，若从天下。三军勇斗，莫我能御。”

武王曰：“前有大水、广堑、深坑，我欲逾渡，无舟楫之备，敌人屯垒，限我军前，塞我归道，斥候常戒[4]，险塞尽中，车骑要我前，勇士击我后，为之奈何？”

太公曰：“大水、广堑、深坑，敌人所不守，或能守之，其卒必寡。若此者，以飞江、转关与天潢以济吾军，勇力材士从我所指，冲敌绝陈，皆致其死。先燔吾辎重[5]，烧吾粮食，明告吏士：勇斗则生，不勇则死。已出者，令我踵军设云火远候[6]，必依草木、丘墓、险阻。敌人车骑必不敢远追长驱。因以火为记，先出者，令至火而止，为四武冲陈。如此，则吾三军皆精锐勇斗，莫我能止。”

武王曰：“善哉！”

〔注释〕

①玄旗：黑色的旗帜。

②衔枚：古代行军时口中衔着枚，以防秘密行动时士兵互相讲话或喧哗叫喊。枚状如筷子，通常横着衔在嘴中，两端有带，可系于颈上。《史记·高祖本纪》：“秦益章邯兵，夜衔枚击项梁。”

③冒将之士：冒着生命危险冲锋突击的壮士。

④斥候：侦察敌情的哨兵。

⑤燔（fán）吾辎（zī）重：焚烧我方军需物资。燔，焚烧。辎重，本指行李物品载于辎车，故称，后泛指军需物资。

⑥云火：烟火，形容火光高升入云的样子。

〔译文〕

武王问太公道："率领军队深入诸侯国境内，敌人从四面包围我军，切断我军的退路，断绝我军的粮道。敌军人数众多，粮食储备充足，并占据险阻地形，防守坚固。我军想突围而出，应该怎么办？"

太公答道："突出敌人包围的方法，兵器设备至关重要，将士奋勇战斗更是第一要素。详细查明敌人兵力的薄弱环节以及无人防守的区域，可以乘虚突出包围。具体方法是将士拿着黑色的旗帜，手持兵器，口中衔枚，乘着黑夜行动。使骁勇善战、行动敏捷、敢于冲锋的将士担任先锋，攻占敌人营垒，为我军突围打开通道；技能高超且配备强弩的士兵作为伏兵隐蔽在队伍的最后；羸弱的士卒和车骑位于军队中间。部署完毕后，悄然慢行，谨慎行军，不要惊慌。使用武冲扶胥战车在前后护卫，用武翼大橹战车在左右守卫。如果敌军发觉我军的突围行动，骁勇善战、敢于冲锋的先锋将士迅速发起冲击，向前推进，羸弱的士卒和车骑随之跟进，技能高超且配备强弩的士兵隐蔽埋伏起来。观察敌军追击的状况，我军伏兵迅速攻击敌军后部，并大量使用火光、鼓声，使敌军感到我军仿佛是从地下冒出，从天上降下，全军奋勇战斗，敌人就不能阻止我军的突围了。"

武王问道："如果前面有大河、宽沟和深坑，我军要逾越渡过，但没有配备船只，敌人屯兵筑垒，阻断我军前进路线，堵截我军退兵路线，哨兵戒备森严，险要地形全被敌人把守。敌军车兵、骑兵在前阻截，勇士在后袭击，这种情况下该怎么办？”

太公答道：“凡是大河、宽沟和深坑，敌人一般不会设防，即使设防，兵力也一定不多。这样，就可以用飞江、转关和天潢等军械帮助我军渡过，派遣勇敢的士卒按照指定方向，冲锋陷阵，拼死战斗。先焚毁我军的军用物资，烧掉我军的粮食，明确告诉全军将士，唯有奋勇作战才能生存，畏缩胆怯只有死路一条。已经冲出包围的士卒，命令我军追随部队发出烟火信号以便观测，依托丛林、坟墓和险阻等险要地形，敌人的车兵和骑兵就必定不敢长驱远追了。以烽火为信号，命令先期突围的部队至烽火处集结，并布成四面都有警戒的四武冲阵战斗队形。这样，我全军将士都优良且勇猛，敌人就无法阻止我军了。”

武王说：“说得好啊！”

军略第三十五

〔题解〕

本篇论述了在深山险谷激流地带作战必须准备的各种军事器械。首先强调在考虑不周、器械不全、训练无素和技能不熟等情况下，难以取得战争的胜利。随后，分别阐述了在攻城、行军、宿营、越沟及济水等军事行动中，需要运用的军用器械。最后归纳为"三军用备，主、将何忧"，认为军用器械准备周全，便大大增加了赢得战争的胜算。

武王问太公曰："引兵深入诸侯之地，遇深溪、大谷、险阻之水，吾三军未得毕济，而天暴雨，流水大至，后不得属于前，无有舟梁之备，又无水草之资。吾欲毕济，使三军不稽留，为之奈何？"

太公曰："凡帅师将众，虑不先设，器械不备，教不素信，士卒不习，若此，不可以为王者之兵也。凡三军有大事，莫不习用器械。攻城围邑，则有轒辒①、临冲②。视城中，则有云梯、飞楼③。三军行止，则有武冲、大橹，前后拒守。绝道遮街，则有材士强弩，卫其两旁。设营垒，则有天罗、武落[4]、行马、蒺藜[5]。昼则登云梯远望，立五色旗旌；夜则设云火万炬，击雷鼓，振鼙铎[6]，吹鸣笳[7]。越沟堑，则有飞桥、转关辘轳、钮铻[8]。济大水，则有天潢、飞江。逆波上流，则有浮海、绝江[9]。三军用备，主、将何忧。”

〔注释〕

①轒（fén）辒（wēn）：古代一种用于攻城的车辆。其形制下设四轮，可推行，车中可容数十人，也可用来运送木石。

②临冲：用以攻城的临车和冲车。临车是从上视下的车辆，冲车为冲撞城门的战车。

③飞楼：即楼车，古代一种攻城器械，在车上设楼以便登高观察城中敌情。

④武落：又称虎落，即篱落，藩篱。

⑤蒺（jí）藜（lí）：本为野生的带刺植物，此指像蒺藜的军事防御工具。

⑥鼙（pí）铎（duó）：发布军令的鼓和铃。鼙，古代军中的一种小鼓。铎，古代宣布政教法令用的大铃，形如铙、钲而有舌。

⑦笳（jiā）：古代一种管乐器的名称。

⑧钮（jǔ）铻（yǔ）：栉齿状物。

⑨绝江：与“浮海”同为古代的渡水用具。

〔译文〕

武王问太公道：“领兵深入诸侯国境内，遇到深山险谷和难以通过的河流，我军还没有完全渡过，忽然天降暴雨，洪水大涨，后面的军队无法与前军衔接，既没有船只和桥梁，又没有水草之料用以堵住洪水。要使全军渡过而不滞留，应当怎么办？”

太公答道：“大凡率领军队，如果事先没有考虑周全，军用器械不事先准备，平时训练没有全部落实，士卒技能技术不熟练，这样的话就不能算是王者的军队。凡是军队有大的军事行动，没有不进行士兵熟练使用各种器械训练的。攻城围邑，就用轒辒、临车和冲车等攻城战车。观察城内敌情，就用登高的云梯和瞭望敌人动静的飞楼。全军前进和驻扎，就用武冲、大橹等战车在前后护卫。断绝交通，阻拦敌人，就用技能高超且配备强弩的士兵，守护两侧。设置营垒，就在四周布设天罗、武落、行马、蒺藜。白天就登上云梯瞭望远方，并设置五色旗帜报告敌情；夜晚就点燃火把，并击响雷鼓，敲动鼙鼓，摇动大铎，吹响鸣笳，作为军中信号。跨越沟堑，就用飞桥、转关辘轳和钼铻等军械。渡越大江大河，就用天潢和飞江等船只。逆流而上，就用浮海、绝江等渡水用具。军用器械都已齐备，君主和将帅便没有什么事情可忧虑了。”

临境第三十六

〔题解〕

本篇论述了两军对峙中，遏制、袭扰以至于击败敌人的作战方法。首先论述在两军势均力敌的情况下，要攻击敌人并取得胜利，需要兵分三处，前军修筑工事，后军多积蓄粮食，中军突袭敌军。随后，进一步论述在敌军有所防备的情况下，要取得胜利，需要采取持续袭扰、迷惑敌军和突然袭击等方法，方可打败敌人。

武王问太公曰："吾与敌人临境相拒，彼可以来，我可以往，陈皆坚固，莫敢先举。我欲往而袭之，彼亦可来，为之奈何？"

太公曰："分兵三处。令我前军，深沟增垒而无出，列旌旗，击鼙鼓，完为守备。令我后军，多积粮食，无使敌人知我意。发我锐士，潜袭其中，击其不意，攻其无备，敌人不知我情，则止不来矣。"

武王曰："敌人知我之情，通我之谋，动而得我事。其锐士伏于深草，要隘路①，击我便处②，为之奈何？"

太公曰："令我前军，日出挑战，以劳其意。令我老弱，曳柴扬尘[3]，鼓呼而往来。或出其左，或出其右，去敌无过百步。其将必劳，其卒必骇。如此，则敌人不敢来。吾往者不止，或袭其内，或击其外，三军疾战，敌人必败。"

〔注释〕

①要(yāo)：半路拦截。

②便处：防备不周密、便于攻击之处。

③曳(yè)柴扬尘：拖曳柴草、树枝，使尘土飞扬，以此迷惑敌人。

〔译文〕

武王问太公道："我军与敌人在边境相互对峙，敌人可以前来攻我，我军也可以前往攻敌，双方的阵势都很坚固，谁也不敢率先采取行动。我军想前去袭击敌人，但又担心敌人前来袭击我军，应该怎么办？"

太公答道："在这种情况下，就把我军分为前、中、后三部分。令我前军深挖沟堑，高筑壁垒，但不要出战，排列旌旗，敲击鼙鼓，作好充分守卫。令我后军多积蓄粮食，不要让敌人察觉我军意图。派遣我中军精锐偷袭敌军内部，出其不意，攻其无备，敌人无法了解我军情况，就会停止行动，不敢前来进攻了。"

武王问道："如果敌军已掌握我军情况，洞悉我军企图，我军一旦行动，敌人便知我意。敌军精锐部队埋伏在深草地区，在我必经的狭窄路途上实施截击，在我防备不周密的地方发起攻击，该怎么办呢？"

太公答道："命令我前军，每天前去向敌人挑战，以使敌人斗志疲劳。命令我的老弱士卒，拖动柴火、树枝，扬起尘土，击鼓呐喊，来回飞奔。挑战敌军时，士卒有时出现在敌军左方，有时出现在敌军右方，距离敌军不超过百步。不间断地袭扰，敌军的将帅必定疲劳，士卒必定惊恐。这样，敌人就不敢前来进攻我军了。我军如此不停地袭扰，有时攻击敌军内部，有时攻击敌军外部，然后，全军疾速发动进攻，敌人一定会被打败。"

动静第三十七

〔题解〕

本篇主要论述了在两军对峙中，运用迂回和伏击以打败敌人的战法。首先论述了在两军对峙，敌我势均力敌的情况下，想要使敌军“行阵不固”，需要虚张声势，设置埋伏。随后，论述了在地势不利于设伏，又无法迂回攻击的情况下，应该提早部署埋伏，并在死地与敌交战，领前军佯装失败，并以故意鸣金等方式引诱敌军进入埋伏，随后一举击败敌人。

武王问太公曰：“引兵深入诸侯之地，与敌之军相当。两陈相望，众寡强弱相等，未敢先举。吾欲令敌人将帅恐惧，士卒心伤，行陈不固，后陈欲走，前陈数顾[①]。鼓噪而乘之[②]，敌人遂走。为之奈何？”

太公曰：“如此者，发我兵去寇十里而伏其两旁[③]，车骑百里而越其前后。多其旌旗，益其金鼓。战合[④]，鼓噪而俱起，敌将必恐，其军惊骇。众寡不相救，贵贱不相待，敌军必败。”

武王曰：“敌之地势，不可以伏其两旁，车骑又无以越其前后。敌知我虑，先施其备。我士卒心伤，将帅恐惧，战则不胜，为之奈何？”

太公曰：“微哉，王之问也！如此者，先战五日，发我远候，往视其动静，审候其来，设伏而待之。必于死地⑤，与敌相避，远我旌旗，疏我行陈。必奔其前，与敌相当，战合而走，击金无止。三里而还，伏兵乃起，或陷其两旁，或击其前后。三军疾战，敌人必走。”

武王曰：“善哉！”

〔注释〕

①数(shuò)顾：屡次回头看，可理解为敌人军心动摇的意思。

②鼓噪：擂鼓呐喊，指军队交锋时大张声势。乘：趁机，凭借。

③去：距离。

④战合：战斗打响。

⑤死地：对于敌军最不利的地点。

〔译文〕

武王问太公道：“领兵深入诸侯国境内，敌我势均力敌，双方互相对峙，兵力数量及强弱相等，谁也不敢率先发起进攻。在这种情况下，我要使敌军将帅恐惧，士兵忧虑，行阵不稳固，后阵士兵企图逃跑，前阵士兵军心动摇。我军趁势擂鼓呐喊，击溃敌人。应该怎么办？”

太公答道：“要做到这样，就需派遣部队在距离敌军十里的地方，埋伏在道路两旁，另派遣车兵和骑兵远出百里，迂回到敌军后方，命令部队多置旌旗，增设金鼓。战斗打响后，擂鼓呐喊，前后夹击,向敌人发起进攻。敌军将帅必然恐惧,士兵必然惊慌。敌军士卒互不救援,官兵互不照顾,如此,敌军就必然失败。”

武王问道:“假如敌方所处地势不便我军在其两旁设伏,我车兵和骑兵又不能迂回到敌人后方。敌人又发觉了我军战略意图,预先有了准备。我军士兵悲观沮丧,将帅心怀恐惧,与敌交战无法取胜,在这种情况下,应该怎么办?”

太公答道:“微妙啊,君王所问的问题!像这种情况,应当在交战前五天,就向远方派出斥候侦察敌军动静,详细观察敌人进攻的征兆,预先设下埋伏等待敌人进犯。必须在对敌最不利的区域同敌军交战,将我军旌旗立在远处,将我军阵形疏散拉开。让我前军与敌奋力对垒,刚一交战便撤退,一路鸣金故意不停。继续后退三里再回头反击,而且我方伏兵乘机而起,有的攻击敌人两侧,有的抄袭敌军前后,全军奋力作战,敌人必定战败而逃。”

武王说:“说得好啊!”

金鼓第三十八

〔题解〕

本篇论述了防敌夜袭并防御反击，以及追击敌人时防止被伏击的战法。防止敌军夜袭的方法是严密警戒，在我军阵地加强巡视，定好暗号，随时准备战斗，如此，敌人即便前来也不敢贸然进攻。当敌军"力尽气怠"，则是我防御反击的最好时机，趁机派遣精锐部队追击敌人。追击敌人，要注意通过兵分三路的办法，避免中敌埋伏，并在尚未到达敌军埋伏圈之前，发起攻击，击败敌人。

武王问太公曰："引兵深入诸侯之地，与敌相当，而天大寒、甚暑，日夜霖雨①，旬日不止②，沟垒悉坏，隘塞不守，斥候懈怠，士卒不戒。敌人夜来，三军无备，上下惑乱，为之奈何？"

太公曰："凡三军，以戒为固，以怠为败。令我垒上，谁何不绝，人执旌旗，外内相望，以号相命，勿令乏音③，而皆外向。三千人为一屯④，诫而约之，各慎其处。敌人若来，视我军之警戒，至而必还，力尽气怠。发我锐士，随而击之。”

武王曰：“敌人知我随之，而伏其锐士，佯北不止。过伏而还，或击我前，或击我后，或薄我垒⑤。吾三军大恐，扰乱失次，离其处所，为之奈何？”

太公曰：“分为三队，随而追之，勿越其伏。三队俱至，或击其前后，或陷其两旁，明号审令，疾击而前，敌人必败。”

〔注释〕

①霖雨：连绵不绝地下雨。

②旬日：十日。一个月有三旬，每旬十日。

③勿令乏音：不要让口令问答之声停止，意在表示已做好战斗准备。

④屯：聚，此处指一个驻军单位或防区。

⑤薄：逼近，此指发起进攻。

〔译文〕

武王问太公道：“率军深入诸侯国境内，敌我双方兵力相当，正逢严寒或酷暑，或者连绵大雨十日不停，沟堑营垒被全部毁坏，关隘要塞无法守备，哨兵松弛懈怠，士兵疏于戒备，敌人乘夜前来袭击，全军没有防备，官兵一片混乱，应该怎么办？”

太公答道：“大凡军队驻扎，有戒备便稳固，如果懈怠便会失败。命令我军营垒哨兵，口令问答之声不绝，人人手持旗帜，内外联络，相互传递号令，不要让声音断绝，向外表现出我军已做好战斗准备的样子。每三千人编为一个防区，严加告诫和约束，使其各自慎重守护。如果敌人前来进犯，看到我军戒备森严，必定退兵而走。敌军筋疲力尽，我军随即派遣精锐部队紧追穷寇。”

武王问道：“敌人探知我军将跟踪追击，于是事先埋伏精锐部队，假装退却不止。当我军进入敌军伏击圈，敌人转头反击，有的攻我前方，有的攻我后方，有的逼近我军营垒。这种情况下，我全军恐慌，自相惊扰，行列混乱，各自离开自己的岗位，在这种情况下应该怎么办？”

太公答道：“应该把我军分为三队，分头跟踪追击敌军，注意不要进入敌人的伏击区域。三对人马同时到达，有的攻击敌人的前后，有的攻击敌人的两翼，严明号令，迅速出击，敌人必被打败。”

绝道第三十九

〔题解〕

本篇论述了与敌遭遇以及行军途中应采取的战法，特别强调掌握并利用有利地形，即“绝道”。首先强调深入敌国境内“必察地之形势，务求便利”，应利用有利地形、密守交通要道，还应掌握城邑、丘墓等地形的便利之处。随后论述了在行军经过特殊地带，要防止突然与敌相遇并被敌军包围，此时应远置侦察兵，以武冲战车为前锋，并设置后卫部队，做到前后部队互相掩护、互相救援，保证全军安全，减少我军伤亡。

武王问太公曰：“引兵深入诸侯之地，与敌相守，敌人绝我粮道，又越我前后。吾欲战则不可胜，欲守则不可久，为之奈何？”

太公曰：“凡深入敌人之地，必察地之形势，务求便利，依山林险阻、水泉林木而为之固；谨守关梁①，又知城邑、丘墓地形之利。如是，则我军坚固，敌人不能绝我粮道，又不能越我前后。”

武王曰：“吾三军过大陵、广泽、平易之地，吾候望误失[2],卒与敌人相薄[3]。以战则不胜,以守则不固。敌人翼我两旁[4],越我前后,三军大恐,为之奈何?”

太公曰:“凡帅师之法,当先发远候,去敌二百里,审知敌人所在。地势不利,则以武冲为垒而前[5],又置两踵军于后[6],远者百里,近者五十里,即有警急,前后相救。吾三军常完坚,必无毁伤。”

武王曰:“善哉!”

〔注释〕

①谨守关梁:谨慎守备关隘和桥梁。关,关隘。梁,桥梁。

②候望:负责侦查瞭望的哨兵。一作“盟”,误,核之《六韬》,未见任何言及盟军的语句,根据本句前后文义,也与盟军无关。

③卒(cù)与敌人相薄:突然与敌人遭遇。卒,同“猝”,突然。

④翼:从两旁包抄,此处用作动词。

⑤冲:底本误作“卫”,《武经七书汇解》已校改。究其讹误的原因,“冲”的繁体字作“衝”,“卫”的繁体字作“衛”,二字形近而讹。根据文意,应为设置武冲大扶胥这种阻挡敌军的战车。

⑥踵(zhǒng)军:是相对“前军”的接续部队,也担任后卫任务。

〔译文〕

武王问太公道:“领兵深入诸侯国境内,与敌军相互对峙,敌人截断了我军粮道,并迂回到我军后方,前后合围。我想与敌作战恐不能胜,我想防卫守御却不可长久,该怎么办?”

太公答道:“凡是深入敌国境内作战,必须察明地理形势,务必利用便利地形,依托山林、险阻、水泉和林木等自然条件以求巩固;谨慎严密守卫关隘桥梁,还应掌握城邑、丘墓等地形的便利之处。这样,我军防守稳固,敌人既无法截断我军粮道,也不能迂回到我军后方,前后合围了。”

武王问道:“我军通过高大的山丘、宽阔的沼泽和平坦的地形的时候,由于我军哨兵的失误,导致突然同敌军遭遇。我军想进攻恐怕不能取胜,要防守又担心无法坚守,这时敌人包抄到我军两侧,迂回到我军后方,全军大为恐惧,在这种情况下,应该怎么办?”

太公答道:“大凡领军作战的方法,应当先向远方派出侦察警戒人员,要在距敌二百里处,详细掌握敌人所在的位置。如果地形对我军行动不利,就用武冲战车结成壁垒向前推进,并派出两支后续部队跟进,前军和后军间隔远的一百里,近的五十里。一旦遇到紧急情况,前后相互救援。我军保持完整坚固,就一定不会遭受伤亡和失败了。”

武王道:“好啊!”

略地第四十

〔题解〕

本篇阐述了攻打城邑、夺取敌国城池的作战方法。主要包括：第一，扼守交通要道，切断敌军后援，使城中敌军恐慌并投降。同时，务必警惕敌人的夜袭。第二，故意留出道路，引导敌军按我军设定的突围线路前行，引诱敌军精锐，但不与其交战，而是围困敌军精锐，直到其投降。第三，夺取敌国城池之后，不烧物资，不毁房屋，不砍林木，不杀俘虏，展现仁慈恩德，并宣告罪责与百姓无关。如此，便会实现天下人都来归顺的情形。

武王问太公曰："战胜深入，略其地，有大城不可下，其别军守险与我相拒。我欲攻城围邑，恐其别军卒至而击我[1]，中外相合，击我表里，三军大乱，上下恐骇，为之奈何？"

太公曰："凡攻城围邑，车骑必远，屯卫警戒，阻其外内。中人绝粮[2]，外不得输，城人恐怖，其将必降。"

武王曰："中人绝粮，外不得输，阴为约誓，相与密谋,夜出穷寇死战,其车骑锐士,或冲我内,或击我外。士卒迷惑,三军败乱,为之奈何?”

太公曰:“如此者,当分军为三军[③],谨视地形而处。审知敌人别军所在,及其大城别堡,为之置遗缺之道,以利其心,谨备勿失。敌人恐惧,不入山林,即归大邑,走其别军。车骑远要其前,勿令遗脱。中人以为先出者得其径道,其练卒材士必出,其老弱独在。车骑深入长驱,敌人之军必莫敢至。慎勿与战,绝其粮道,围而守之,必久其日。无燔人积聚,无坏人宫室,冢树、社丛[④]勿伐,降者勿杀[⑤],得而勿戮,示之以仁义,施之以厚德。令其士民曰:‘罪在一人。’[⑥]如此,则天下和服。”

武王曰:“善哉!”

〔注释〕

①卒(cù):同“猝”,突然。

②中人:指被围困在城中的敌军。

③当分军为三军:在先秦古汉语中,表达此意,应作“当分军为三”,疑此句在流传过程中经过后代修改,或可作为《六韬》经过汉魏时期改动的例证。

④社丛:土地庙旁的树林。社,古代祭祀土地神的场所。辛弃疾著名词作《西江月 · 夜行黄沙道中》有名句“旧时茅店社林边,路转溪桥忽见”。

⑤降(xiáng)者:投降的敌军。

⑥罪在一人:意为所有罪恶都在敌国君主一人身上,与百姓无关。

〔译文〕

武王问太公道:“我军乘胜深入敌国,夺取其土地,但仍有大的城池未能攻下,而敌军另一支部队固守险要地形与我军相拒。我军想围攻城池,又担心另一支部队突然攻击我军,城内城外的敌军里应外合,对我军两面夹击而造成我军大乱,将士恐慌。应该怎么办?”

太公答道:“凡是围攻敌国城邑,应把车兵和骑兵安排在离城较远的地方,担任守卫和警戒,以隔断敌人的内外联系。城内粮食断绝,城外的粮食无法运入,城内士卒便会恐慌,守城将帅必然投降。”

武王问道:“城内敌军断粮,城外粮食又无法运入,这时敌人一定内外暗中联系,秘密谋划向外突围,乘着黑夜出城与我军死战,敌人的车兵、骑兵精锐,有的突击我军内部,有的进攻我军外围。我军士卒迷惑不清,全军混乱不堪,应该怎么办?”

太公答道:“遇到这种情况,应把我军分为三队人马,并根据地形谨慎驻扎。详细查明敌人城外部队所在的位置,掌握附近大城市和堡垒的状况,故意留出一条道路,以引诱城内敌军外逃,但我军严密戒备不能大意。被围敌人惊恐慌乱,突围时不免逃进山林,或撤往另一座城邑,投靠敌军其他部队。我军车兵和骑兵阻断敌军逃跑路线,不要让任何一个敌人逃脱。城中敌军就会误以为其先头部队已找到路径突围成功,其精锐士卒就必定会继续出城外逃,只留下老弱士卒在后。我军车兵和骑兵长驱直入,敌军一定不敢与我军交战。此时我军不要同敌军交战,只需断绝敌军粮道,围困敌军,而且一定要做到长久围困。攻克城邑之后，不要焚烧城内累积的物资，不要毁坏城内民众的房屋，不要砍伐坟地和社庙旁边的林木，不要杀戮投降的敌军，不要杀害俘获的敌军，借此向敌国民众展现仁慈，施加丰厚的恩德。昭告敌国民众：‘罪过在于君主一人。’这样，天下人便会心悦诚服地归顺了。”

武王道：“说得太好了！”

火战第四十一

〔题解〕

本篇论述了在茂密草丛地带防御敌军火攻的方法。敌军利用天干风急的有利条件,趁我军人马疲惫之时,很可能通过焚烧草丛等方式发起火攻。防御火攻的方法,首先要加强瞭望和戒备,并以焚烧草丛之法,制造“黑地”,构筑起防火安全地带。如果敌人主力又沿火烧的黑地向我军发起进攻,我军的防御方法应是布设四武冲阵,辅之以强弩护卫两翼,如此方可立足不败。

武王问太公曰:“引兵深入诸侯之地,遇深草蓊秽[①],周吾军前后左右。三军行数百里,人马疲倦休止。敌人因天燥疾风之利,燔吾上风[②],车骑锐士坚伏吾后。吾三军恐怖,散乱而走,为之奈何?”

太公曰:“若此者,则以云梯、飞楼,远望左右,谨察前后。见火起,即燔吾前而广延之,又燔吾后。敌人若至,则引军而却,按黑地而坚处。敌人之来,犹在吾后,见火起,必还走。吾按黑地而处[③],强弩材士卫吾左右,又燔吾前后。若此,则敌不能害我。”

武王曰：“敌人燔吾左右，又燔吾前后，烟覆吾军，其大兵按黑地而起，为之奈何？”

太公曰：“若此者，为四武冲陈，强弩翼吾左右，其法无胜亦无负。”

〔注释〕

①蓊（wěng）秽（huì）：草木茂盛。蓊，茂盛貌。秽，田中多杂草，荒芜。

②燔（fán）吾上风：在我军上风之处点燃草丛。

③黑地：被火烧过的地面呈黑色，故称黑地。

〔译文〕

武王问太公道：“领兵深入诸侯国境内，进入茂密草丛地带，敌军围绕在我军周围，将士已行军数百里，人马困乏，宿营休息。这时，敌人利用天干风急的有利条件，在我军上风处点燃草丛，又使其车兵、骑兵精锐之士埋伏在我军后方。我全军恐慌，队伍散乱，士卒逃跑，应该怎么办？”

太公答道：“在这种情况下，应该在宿营之处架云梯和飞楼登高瞭望，并仔细观察四周的情况。发现敌人点火，我军也立即在军前开阔地带点火，并让焚烧的面积向远处延伸，同时也需在我军后方点火。若是敌人前来进攻，就把军队撤到烧光草木的黑地上坚守。前来进攻的敌人，此时落在我军后面，看见火起必定转身而逃。我军在黑地上摆开阵势，以材士强弩掩护左右两翼，并继续放火焚烧我军前后的草丛。这样，敌人就无法进攻我军了。”

武王问道："敌人既在我军左右放火，又在我军前后放火，以至于浓烟笼罩住了我军，而敌军主力又沿火烧的黑地向我军发起进攻，应该怎么办？"

太公答道："遇上这种情况，应当把我军布设为四武冲阵的战斗队形，以强弩护卫左右两翼，这样虽然无法取胜，但也不会导致战败。"

垒虚第四十二

〔题解〕

本篇论述了侦察敌人营垒虚实的方法。首先强调将帅应具备通晓天道、地理和人事的素质。随后,论述了重要的侦察方法,即通过瞭望掌握敌军的营垒情况。具体而言,通过听击鼓振铎之声以及看城上飞鸟及氛气,即可判断敌人的营垒虚实。同时,要注意观察敌军行为,判断其行动,寻找最恰当的机会,迅速出击制胜。

武王问太公曰:"何以知敌垒之虚实,自来自去?"

太公曰:"将必上知天道,下知地理,中知人事。登高下望,以观敌之变动。望其垒,即知其虚实;望其士卒,则知其去来。"

武王曰:"何以知之?"

太公曰:"听其鼓无音,铎无声,望其垒上多飞鸟而不惊,上无氛气①,必知敌诈而为偶人也②。敌人卒去不远,未定而复返者,彼用其士卒太疾也。太疾则前后不相次,不相次则行陈必乱。如此者,急出兵击之,以少击众,则必胜矣。”

〔注释〕

①氛气:这里指尘俗之气。敌军用木偶守城,而偶人并非活人,所以没有尘俗之气。战国时期兵家喜好望气,甚至通过望气判断吉凶,《六韬·兵征第二十九》篇中较为详细地描述了城中之气。

②偶人:指用土木或稻草制成的假人。

〔译文〕

武王问太公道:“怎样才能知道敌人营垒的虚实以及来往行动情况呢?”

太公答道:“将帅必须上知天时运行,下知地势地形,中知人间事理。登高向下瞭望,以便观察敌情的变化。瞭望敌人的营垒,就可知道其内部的虚实;瞭望士卒的动态,就可知道敌军行动的情况。”

武王问道:“怎么才能知道这些事情呢?”

太公答道:“敌营没有传来击鼓之声和振铃之声,看到敌人营垒上有许多飞鸟而没受到惊吓,又感知没有尘俗之气,便可知此为空城,敌人用偶人来欺骗我军。敌人仓促撤退不远,还没有安顿便急忙返回的,那就说明敌人调动士卒太过急促。士卒调动太急促,前后就秩序混乱,秩序混乱,行列阵势就必然混乱。像这种情况,我军应急速出兵打击敌人,即使是以少击众,也一定会取得胜利。”

卷五　豹韬

林战第四十三

〔题解〕

本篇论述了丛林作战的战术和准则。深入敌国丛林作战，如果想达到防御就能坚不可摧，与敌作战就能取得胜利，就要将部队部署为四武冲阵，并合理安排弓弩手和戟盾手的内外分布。斩除草木，拓宽道路，以便我军行动战斗，同时避免敌军掌握我军情况。丛林作战，应以合理编队的矛戟之兵作为主力，并以骑兵为辅，战车居前，伺机而战。在丛林险阻之处，应设置四武冲阵作为守备。丛林交战讲求速战速决，并做到轮番作战和休息。

武王问太公曰："引兵深入诸侯之地，遇大林，与敌分林相拒。吾欲以守则固，以战则胜，为之奈何？"

太公曰："使吾三军分为冲陈，便兵所处，弓弩为表，戟楯为里。斩除草木，极广吾道，以便战所。高置旌旗，谨敕三军①，无使敌人知吾之情，是谓林战。林战之法，率吾矛戟，相与为伍。林间木疏，以骑为辅，战车居前，见便则战，不见便则止。林多险阻，必置冲陈，以备前后。三军疾战，敌人虽众，其将可走。更战更息②，各按其部。是谓林战之纪[③]。”

〔注释〕

①谨敕(chì)三军:严格地约束全军。敕,同“饬”,整顿。

②更(gēng)战更息:轮番战斗与休息。更,交替。

③纪:原则,准则。

〔译文〕

武王问太公道:“率军深入诸侯国境内,遇到茂密丛林,与敌人各占一片森林互相对峙。我想做到采取防御就能坚不可摧,与敌作战就能取得胜利,应该怎么办?”

太公答道:“将我军分布为四武冲阵,士卒配置在便于作战的地方,将弓弩手安排在阵营外层,戟盾手安排在阵营内层。斩除周围草木,极力拓宽道路,以便于我军作战。高高地悬挂旗帜,严格地约束全军,不要让敌人了解我军情况,这就是所谓的丛林作战的战术。丛林作战的方法是,将我军使用矛戟的士兵,混合编组为分队。在丛林中树木稀疏处,以骑兵担任作战辅助,把战车分布在最前端,见到有利时机便战斗,时机不利就停止。丛林中险阻地形较多,就必须布置冲阵,以防备敌人攻击我军前后。全军迅猛作战,敌军即使人数众多,敌军将帅也定被击败逃走。战斗过程中,我军要轮番作战与休息,各自按照编组开展行动。这就是丛林作战的准则。”

突战第四十四

〔**题解**〕

本篇论述了反击敌军突袭，诱敌攻城后反攻敌人的战法。首先厘清了“突兵”的概念，随后提出要充分认识到突兵远道而来、携粮较少的弱点，我方应以另外一支精锐部队截断敌人的退路，选择黑夜实施内外夹击，这样“敌人虽众，其将可虏”。接下来，进一步论述了在敌人兵分四路来袭的情况下，我军应先弄清敌情，严阵以待，并以另一支部队作为伏兵，与此同时，周密设置强弩、突门等，并以全力守城的姿态，引诱敌人逼近城下。此时，我军迅猛攻击，以四面包围的战法，必定能大败敌军。

武王问太公曰：“敌人深入长驱，侵掠我地，驱我牛马。其三军大至，薄我城下。吾士卒大恐，人民系累[①]，为敌所虏。吾欲以守则固，以战则胜，为之奈何？”

太公曰：“如此者，谓之突兵。其牛马必不得食[②]，士卒绝粮，暴击而前。令我远邑别军，选其锐士，疾击其后。审其期日，必会于晦[③]。三军疾战，敌人虽众，其将可虏。”

武王曰:“敌人分为三四,或战而侵掠我地,或止而收我牛马。其大军未尽至,而使寇薄我城下,致吾三军恐惧,为之奈何?”

太公曰:“谨候敌人,未尽至,则设备而待之④。去城四里而为垒,金鼓旌旗,皆列而张,别队为伏兵。令我垒上多积强弩,百步一突门⑤,门有行马⑥。车骑居外,勇力锐士隐伏而处。敌人若至,使我轻卒合战而佯走;令我城上立旌旗,击鼙鼓,完为守备。敌人以我为守城,必薄我城下。发吾伏兵,以冲其内,或击其外。三军疾战,或击其前,或击其后。勇者不得斗,轻者不及走,名曰突战。敌人虽众,其将必走。”

武王曰:“善哉!”

〔注释〕

①系累:拘禁、捆绑。

②食(sì):喂养。

③晦:阴历每月的最后一天为晦日,在“朔”(农历每月初一)的前一天。此句中不特指每月最后一天,而是指没有月光的黑夜。

④设备(bèi):设置好防备兵力及军械。

⑤突门:城墙上的一种暗门。根据《墨子·备突》对突门情况的描述,可知这是一种在城墙或垒壁上预先开设的便于部队出击的暗门。一般由城墙内侧向外挖,在城墙外侧保留四、五寸不挖透。部队冲出时,临时将其推倒,突然出击。但突门也是一把“双刃剑”,古代攻城时,部队也会根据城防体系中的这一特殊装置及弱点,注重去发现城墙突门,并组织突击队,由突门向城内进攻。

⑥行马：即拒马，用以堵塞道路的障碍器材。

〔译文〕

武王问太公道："敌人长驱直入，占领我方土地，抢夺我方牛马。敌军大举进攻，迫近我军城下。我军士卒大为恐惧，民众被捆绑囚禁，成为俘虏。在此情况下，我军想做到采取防御就能坚不可摧，与敌作战就能取得胜利，应该怎么办？"

太公答道："像这类敌军，称作突兵。敌人发兵仓促，他们的牛马必定喂养不足，士卒必定没有粮食，只能猛烈地向我方发动进攻。在此情况下，命令我军驻扎在远方的另一支部队，挑选精锐的士兵，迅速突击敌军后方，详细计算并确定进攻的时间，务必使其在黑夜与我军主力会合。全军迅猛作战，敌军即使人数众多，敌将也必定被我军俘虏。"

武王问道："如果敌军分为三四支部队，有的部队向我军发动进攻以侵占我方土地，有的部队意在掠夺我方牛马，敌军主力部队尚未完全到达，而使一队兵力逼近我军城下，致使我方全军恐惧，应该怎么办？"

太公答道："应仔细观察情况，在敌军尚未完全到达前，设置兵力，严阵以待。在离城四里的地方筑建壁垒，金、鼓和旌旗依次在壁垒之上摆放好，另派一支部队为伏兵。命令壁垒上的部队多集中强弩，每百步设置一个可供部队出击的暗门，门前安置拒马等障碍器材。车兵、骑兵配置在壁垒之外，骁勇善战的精锐士兵埋伏起来。敌人如果前来，先派我轻装部队与敌交战，并佯装败退；令城上守军竖立旗帜，敲击鼙鼓，做好防守准备。敌人认为我军采取防守策略，必然进逼城下。这时我军突然出动伏兵,有的冲入敌军阵内,有的攻打敌人阵外。全军迅猛作战,有的攻击敌军前部,有的攻击敌军后部,使敌军勇猛的士卒不能充分战斗,轻装部队来不及逃跑,这种战法称为突战。敌人即使众多,其将帅也定会被我击败逃走。”

武王道:“好啊!”

敌强第四十五

〔题解〕

本篇论述了敌强我弱的情况下应对敌军夜袭的战法。首先厘清了“震寇”的概念,并强调应采取积极出战而非消极防御的策略。具体的方法是选用精锐部队,车兵和骑兵作为左右两翼,围攻震寇,以此取得胜利。随后,进一步阐述了我军被强敌包围,应“明号审令”,并以敢于赴死的士兵迎战,全军以高举火把、二人共同击鼓等行动大造声势,并按照约定向敌人展开猛攻,方可取得胜利。

武王问太公曰:“引兵深入诸侯之地,与敌人冲军相当①。敌众我寡,敌强我弱。敌人夜来,或攻吾左,或攻吾右,三军震动。吾欲以战则胜,以守则固,为之奈何?”

太公曰:“如此者,谓之震寇。利以出战,不可以守。选吾材士强弩,车骑为之左右,疾击其前,急攻其后;或击其表,或击其里。其卒必乱,其将必骇。”

武王曰:“敌人远遮我前②,急攻我后,断我锐兵,绝我材士,吾内外不得相闻,三军扰乱,皆散而走,士卒无斗志,将吏无守心,为之奈何?”

太公曰:“明哉,王之问也!当明号审令,出我勇锐冒将之士,人操炬火[3],二人同鼓。必知敌人所在,或击其表,或击其里。微号相知[4],令之灭火,鼓音皆止。中外相应,期约皆当。三军疾战,敌必败亡。”

武王曰:“善哉!”

〔注释〕

①冲军:担任突击任务的冲锋部队。当:对峙。

②遮:阻拦

③炬火:点燃的火把。

④微号相知:士卒间互相记住联络暗号。微号,暗号。

〔译文〕

武王问太公道:“领兵深入诸侯国境内,与敌军冲锋部队正面接触。敌众我寡,敌强我弱。敌人又利用夜色掩护前来攻击,有的攻击我军左方,有的攻击我军右方,使我全军震动恐慌。在此情况下,我军想做到与敌作战就能取得胜利,采取防御就能坚不可摧,应该怎么办?”

太公答道:“像这类敌军,称作震寇。对付这样的敌人,我军适宜与之作战,而不适宜防守。应该挑选擅长作战的士兵,并给他们配备强弩,以车兵、骑兵为左右两翼,迅猛地攻击敌军前部,急速地攻击敌人后部;有的攻击敌人外围,有的攻击敌人内部。这样,敌人士卒必然混乱,将帅必然惊恐而失措。”

武王问道："敌人如果在远处阻截我军前部，急速攻击我军后部，拦截阻断我军增援的精锐和强士，导致我军内外失去联系，全军纷扰混乱，散乱逃走，士卒没有斗志，将帅无心坚守，应该怎么办？"

太公答道："高明啊，君王提出的这个问题！在这种情况下，应该清楚明白地发布号令，派出我方勇猛精锐、勇于赴死的士兵，让他们人人手持燃烧的火把，两人同击一鼓。探知到敌人的准确位置后发起攻击，有的攻击敌人的外围，有的攻击敌人的内部。发动攻击时，部队互相记住联络暗号，并熄灭火把，停止击鼓。我军里应外合，互相策应，时间、信号等都按事先约定的计划行动。全军迅猛出击，敌人必定失败灭亡。"

武王道："好啊！"

敌武第四十六

〔**题解**〕

本篇论述了敌军兵力众多且较为勇猛的情况下，与敌遭遇、对峙并意图取胜的战法。首先厘清了“败兵”的概念，即指敌军兵力众多且较为勇猛，而我军士卒震惊以至于溃逃。随后，表明在此情况下仍有机会取胜的观点，并进而阐述了以车兵骑兵及材士强弩伏击敌人的战法。最后，较为详细地论述了敌众我寡、我军缺乏信心的情况下，应采取伏击等方式击败敌军。

武王问太公曰：“引兵深入诸侯之地，卒遇敌人①，甚众且武。武车、骁骑绕我左右。吾三军皆震，走不可止，为之奈何？”

太公曰：“如此者，谓之败兵。善者以胜，不善者以亡。”

武王曰：“用之奈何？”

太公曰：“伏我材士强弩，武车骁骑为之左右，常去前后三里。敌人逐我，发我车骑，冲其左右。如此，则敌人扰乱，吾走者自止。”

武王曰："敌人与我车骑相当，敌众我少，敌强我弱，其来整治精锐[②]，吾陈不敢当[③]，为之奈何？"

太公曰："选我材士强弩，伏于左右，车骑坚陈而处。敌人过我伏兵，积弩射其左右[④]，车骑锐兵疾击其军，或击其前，或击其后。敌人虽众，其将必走。"

武王曰："善哉！"

〔注释〕

①卒(cù)：同"猝"，突然。

②整治精锐：行阵整齐，士兵精锐。

③不敢当：无法匹敌，难以抵挡。

④积弩：连射之弩，一种由若干张弩连在一起的装置，可以连发。

〔译文〕

武王问太公道："领兵深入诸侯国境内，突然遭遇敌军，敌军兵力众多且勇猛无比。敌军大型的战车和骁勇的骑兵包围我军左右。我全军震惊恐惧，士卒逃跑不可遏止，对此应该怎么办？"

太公答道："这样的状况，称为败兵。善于用兵的人，还是可以取胜的；不善于用兵的人，就会因此而败亡。"

武王问道："怎样做才能取得胜利呢？"

太公答道："应该让我军那些擅长作战的士兵手持强弩埋伏起来，大型的战车和骁勇的骑兵配置在左右两翼，伏击位置距离我军主力前后约三里。敌人前来追击，就出动我军的车兵和骑兵，攻击敌人左右两翼。这样，敌军就会陷于混乱，我军溃逃的形势就会终止。”

武王问道：“敌我双方的车兵和骑兵对峙，敌众我寡，敌强我弱，敌人前来进攻，行阵整齐，士兵精锐，我军与敌对阵却无法匹敌，难以抵挡，应该怎么办？”

太公答道：“在这种情况下，应挑选我军擅长作战的士兵，并配备强弩，埋伏在左右两翼，再把车兵和骑兵编成坚固阵形，严阵以待。当敌军通过我军埋伏圈，就用连弩射击敌人的左右两翼，并出动车兵和骑兵以及勇锐之士对敌军迅猛打击，有的攻击敌军前部，有的攻击敌军后部。这样，即使敌军众多，其将帅也必被打败。”

武王道：“好啊！”

鸟云山兵第四十七

〔题解〕

本篇论述了山地防御的战法。进入敌国山地，面对四面受敌、士卒恐惧的情况，应知晓军队驻扎在山下和山上的弊端。随后，进一步论述了军队驻扎在山地，应布成鸟云之阵，其方法是在山的四面都要加强戒备，交通要道更要派重兵把守，在旌旗高悬，严正告诫士兵之后，便形成了坚固的“山城”，三军疾战便可击败敌军。

武王问太公曰：“引兵深入诸侯之地，遇高山磐石①，其上亭亭②，无有草木，四面受敌。吾三军恐惧，士卒迷惑。吾欲以守则固，以战则胜，为之奈何？”

太公曰：“凡三军，处山之高，则为敌所栖；处山之下，则为敌所囚。既以被山而处，必为鸟云之陈③。鸟云之陈，阴阳皆备④。或屯其阴，或屯其阳。处山之阳，备山之阴；处山之阴，备山之阳；处山之左，备山之右；处山之右，备山之左。其山，敌所能陵者⑤，兵备其表。衢道通谷，绝以武车，高置旌旗，谨敕三军，无使敌人知吾之情,是谓山城。行列已定,士卒已陈,法令已行,奇正已设⑥,各置冲陈于山之表,便兵所处,乃分车骑为鸟云之陈。三军疾战,敌人虽众,其将可擒。”

〔注释〕

①磐(pán)石:巨石,迂回层叠的山石。

②亭亭:此指山峰高高耸立的样子。

③鸟云之陈:一种阵法,如鸟雀及行云之时分时合、有聚有散的阵形。陈,通“阵”。

④阴阳:山北水南谓之阴,山南水北谓之阳。

⑤陵:攀登,攀爬。此处用作动词。

⑥奇(qí)正:出奇制胜和常规战术。

〔译文〕

武王问太公道:“领兵深入诸侯国境内,遇到高山巨石,山峰高耸,草木不生,四面受敌。我全军惊恐畏惧,士兵迷惑惶乱。在此情况下,我军想做到采取防御就能坚不可摧,与敌作战就能取得胜利,应该怎么办?”

太公答道:“凡是军队驻扎在山顶,就容易被敌人团团围住;凡是军队驻扎在山麓,也容易被敌人包围囚禁。既然已占据山地环境驻扎,就必须布设成鸟云之阵。所谓鸟云之阵,就是对山南山北各个方面均有防备。军队或驻守山的北面,或驻守山的南面。驻扎在山的南面,要防备山的北面;驻扎在山的北面,要防备山的南面;驻扎在山的左面,要防备山的右面;驻扎在山的右面,要防备山的左面。山上只要是敌人所能攀登到的地方,都要在显要之处派兵守备，山中岔道和通往山谷的路，要用战车加以阻绝，旗帜高悬，严正告诫士兵，不要让敌人洞察我军情况，这样就成了一座山城。部队的行列已经排好，士卒已经布好，军法已经执行，出奇制胜和常规战术已经安排，各部队已编成冲阵，分布在山地的显要之处，士卒配置在便于作战的地方，然后把车兵和骑兵布成乌云之阵。这样，我全军迅猛作战，即使敌军众多，其将帅也必被我俘获。”

鸟云泽兵第四十八

〔题解〕

本篇论述了江河防御战的原则和方法。首先陈述与敌临河对峙情况下，面对敌富而众，我贫而寡等不利情况，我军应当索性欺骗敌人，迅速离开，并在后面设置伏兵以防追击。其次进一步论述如果敌人不受我军欺诈，我军士卒又迷惑恐惧以至于全军溃败，应以合理的金银财宝引诱敌人，但最关键的是运用鸟云之阵歼敌。江河防御的鸟云之阵，主要方法是猛攻敌军先锋，四面围攻敌军主力。本篇最后点明鸟云之阵得名于“鸟散而云合”，其阵法精髓在于用兵灵活机动，变化无穷。

武王问太公曰：“引兵深入诸侯之地，与敌人临水相拒。敌富而众，我贫而寡①。逾水击之，则不能前；欲久其日，则粮食少。吾居斥卤之地②，四旁无邑，又无草木。三军无所掠取，牛马无所刍牧③，为之奈何？”

太公曰：“三军无备，牛马无食，士卒无粮，如此者，索便诈敌而亟去之④，设伏兵于后。”

武王曰：“敌不可得而诈，吾士卒迷惑。敌人越我前后，吾三军败乱而走，为之奈何？”

太公曰：“求途之道，金玉为主，必因敌使，精微为宝。”

武王曰：“敌人知我伏兵，大军不肯济，别将分队以逾于水。吾三军大恐，为之奈何？”

太公曰：“如此者，分为冲陈，便兵所处。须其毕出⑤，发我伏兵，疾击其后，强弩两旁，射其左右。车骑分为鸟云之阵，备其前后，三军疾战。敌人见我战合，其大军必济水而来。发我伏兵，疾击其后；车骑冲其左右。敌人虽众，其将可走。凡用兵之大要，当敌临战，必置冲陈，便兵所处。然后以车骑分为鸟云之陈⑥，此用兵之奇也。所谓鸟云者，鸟散而云合，变化无穷者也。”

武王曰：“善哉！”

〔注释〕

①我贫而寡：我军物资缺乏，兵力寡少。先秦汉语中，“贫”常指经济上不富足，与“富”相对；“寡”则表示少，与“众”相对。

②斥卤（lǔ）之地：盐碱地带，此处指荒芜贫瘠的地方。斥，碱。卤，盐。

③刍牧：割草放牧。

④亟（jí）去：迅速离开。

⑤须：等待，等到。毕：全，都。

⑥车：底本作“军”，《武经七书汇解》校改为“车”。“军”为误字，其原因应是“车”与“军”形近。前文言“车骑分为鸟云之阵……车骑冲其左右”，故此处改为“车”。

〔译文〕

武王问太公道:“领兵深入诸侯国境内,与敌军隔河对峙,敌人物资充足,兵力众多,我军物资缺乏,兵力寡少。我军想渡河进攻,却无法前进;我军想长期对垒,却缺乏粮食。我军处于荒芜贫瘠的盐碱地,附近既没有城邑又没有草木,军需物资无处掠夺,牛马无处吃草放牧,这种情况下应该怎么办?”

太公答道:“军队没有渡河器械,牛马没有饲料喂养,士卒没有粮食供应,在此情况下,应当索性欺骗敌人,迅速离开,并在后面设置伏兵以防追击。”

武王问道:“如果敌人不受我军欺诈,我军士卒迷惑恐惧。敌人包抄我军前后,我全军溃败,士兵遁逃,应该怎么办?”

太公答道:“这时寻求退路的方法,主要是用金银财宝引诱敌人,同时贿赂敌方使者,使其禀报将帅,执行此事过程中细致隐秘最为重要。”

武王问道:“敌人已知晓我军设有伏兵,大军不肯渡河,另派一支小部队渡河向我进攻,我军非常恐惧,应该怎么办?”

太公答道:“在这种情况下,我军应部署为四武冲阵,士卒配置在便于作战的地方,待敌军全部渡河之后,发动我方伏兵,迅猛攻击敌军后部,强弩分列两旁,射杀敌军左右。把我军车兵和骑兵排列成鸟云之阵,防备前后,使全军迅猛攻击敌军。敌人发现两军交战,其大军必会渡河前来。此时,发动我军伏兵,迅猛攻击敌军后部,以车兵和骑兵冲击敌军两翼,即使敌军人数众多,其将帅也必然兵败而逃。用兵的基本原则,是与敌军对峙,必须把军队布列为冲阵,选择有利于我军交战的地点,然后再将车兵和骑兵布成鸟云之阵,这就是出奇制胜的方法。所谓鸟云,阵形犹如鸟散云合,灵活机动,变化无穷。”

武王道:“好啊!”

少众第四十九

〔题解〕

本篇论述了以少击众、以弱胜强的作战方法。首先指出以少击众需要利用的客观条件,包括黄昏与黑夜的天时,草丛与险隘的地利,在此基础上与大国、邻国结成联盟,得到援助。随后阐述了没有便利条件的情况下,想要以弱胜强,应该虚张声势、诱骗敌军,并同样利用天时及地利之便。最后,归纳了得到大国与邻国援助所需的外交策略,包括放低姿态及不吝惜钱财等。

武王问太公曰:"吾欲以少击众,以弱击强,为之奈何?"

太公曰:"以少击众者,必以日之暮,伏于深草,要之隘路。以弱击强者,必得大国而与[①],邻国之助。"

武王曰:"我无深草,又无隘路,敌人已至,不适日暮;我无大国之与,又无邻国之助,为之奈何?"

太公曰:"妄张诈诱,以荧惑其将。迂其道,令过深草;远其路,令会日暮[②]。前行未渡水,后行未及舍,发我伏兵,疾击其左右,车骑扰乱其前后。敌人虽众,其将可走。事大国之君,下邻国之士[3];厚其币[4],卑其辞。如此,则得大国之与,邻国之助矣。”

武王曰:“善哉!”

〔注释〕

①而:疑为“之”字之误。下句为“邻国之助”,后文又言“我无大国之与,又无邻国之助”,故疑。《武经七书汇解》也校改为“之”。

②暮:底本误作“路”,上文言“必以日之暮……不适日暮”,故此句为“日暮”无疑,应是受上句“远其路”影响而讹。《武经七书汇解》也已校改为“暮”。

③下:谦卑地结交。

④厚其币:使其钱财丰厚,意指多送财物。厚,此处为使动用法,使……厚。

〔译文〕

武王问太公道:“我要以少量兵力击败大量兵力,以弱军击败强敌,应该怎么办呢?”

太公答道:“要以少击众,必须在日暮之时,把军队埋伏在深草丛生的地带,在险隘的道路上截击敌人。要以弱击强,必须得到大国的协助和邻国的支援。”

武王问道:“如果我方没有深草地带可供设伏,又没有险隘道路可以利用,敌人大军已经到达,但还未到日暮之时;我军既没有大国的协助,也没有邻国的支援,该怎么办呢?”

太公答道:“虚张声势,诱骗敌军将帅。诱使敌人迂回经过深草地带,引诱敌人因绕道而走了远路,就可以拖延到日暮之时。乘敌人先锋部队尚未完成渡水，后续部队尚未回营时，发动我军伏兵，迅猛地攻击敌人的两翼，令车兵和骑兵扰乱敌军前后。这样，即使敌人众多，其将帅也会兵败溃逃。恭敬地事奉大国君主，谦卑地结交邻国贤士，多送财物，言辞谦卑。这样就能够得到大国的协助与邻国的援助了。”

武王道：“好啊！”

分险第五十

〔题解〕

本篇论述了山路、水路险隘地带作战的方法。敌我双方在山水交错的地形上对峙，必须加强戒备，严密布防。随后，阐述了从水路进攻，先头部队渡河后，要拓宽道路，将战车配置在前后，以强弩布列正面，以掩护主力部队渡河。从山路进攻，兵力配置以武冲战车在前，大盾在后，强弩在两翼，以步兵为主力正面进攻。三军齐头并进，轮番进攻，必定取胜。

武王问太公曰："引兵深入诸侯之地，与敌人相遇于险厄之中①。吾左山而右水，敌右山而左水，与我分险相拒。各欲以守则固，以战则胜，为之奈何？"

太公曰："处山之左，急备山之右；处山之右，急备山之左。险有大水，无舟楫者，以天潢济吾三军；已济者，亟广吾道，以便战所。以武冲为前后，列其强弩，令行陈皆固。衢道谷口②，以武冲绝之，高置旌旗，是谓车城。凡险战之法，以武冲为前，大橹为卫，材士强弩翼吾左右。三千人为屯，必置冲陈，便兵所处。左军以左，右军以右，中军以中，并攻而前。已战者还归屯所，更战更息，必胜乃已。”

武王曰：“善哉！”

〔注释〕

①险厄：险隘，阻塞。

②衢(qú)道谷口：交通要道和山谷出入口。

〔译文〕

武王问太公道：“引兵深入诸侯国境内，同敌人在险隘之处相遇。我军所处地形是左依山右临水，敌军所处地形是右依山左临水，双方各据险要，相互对峙。双方都希望进行防御便很坚固，进行攻击便能胜利，应该怎么办？”

太公答道：“当我军处于山的左侧，应迅速防备山的右侧；处于山的右侧，应迅速防备山的左侧。险要地区的大江大河，如没有船只可以利用，就应用天潢等器材使我军渡河；已经渡河的部队，要迅速拓宽我方进军的道路，以便我军作战。要以武冲战车掩护我军前后，布设强弩，以使我军行列和阵形稳固。对交通要道和山谷出入口，要以武冲战车加以阻塞，并高悬旌旗，这种御敌方式可称为车城。大凡在险要地带作战的方法，是把武冲战车配置于前，以大盾牌为护卫，用材士强弩护卫我军左右两翼。每三千人为一屯，设置冲锋阵形，士卒配置在便于作战的地方。战斗时，左军攻击敌军左翼，右军攻击敌军右翼，中军攻击敌军中路，并肩攻击，向前推进。已战的部队回到营垒休整，轮番作战，轮番休息，直到取得胜利才停止。”

武王道：“好啊！”

卷六　犬韬

分兵第五十一

〔题解〕

本篇论述了约定会合时间、集结各路部队的原则和方法。阐述了用兵之法讲求分兵与集结的分合之变。具体方法是，想要集结各路分散部队，主帅应确定会师的时间和地点，随后以檄文形式下发给各路将领。特别重要的就是严格规定时间，并做到奖惩分明，按时到达集结地点的给予奖赏，逾期到达的，予以斩首，以此强化纪律要求。

武王问太公曰："王者帅师，三军分为数处。将欲期会合战①，约誓赏罚②，为之奈何？"

太公曰："凡用兵之法，三军之众，必有分合之变。其大将先定战地、战日，然后移檄书与诸将吏③；期攻城围邑，各会其所，明告战日，漏刻有时④。大将设营而陈，立表辕门⑤，清道而待⑥。诸将吏至者，校其先后⑦。先期至者，赏；后期至者，斩。如此，则远近奔集，三军俱至，并力合战。"

〔注释〕

①期会合战:约定会师日期,集中军队与敌交战。

②约誓赏罚:作战前夕集合军队,约定赏罚制度。誓,约定的言辞。

③檄(xí)书:古代官府用以征召或声讨的文书。

④漏刻有时:规定军队到达的时间。漏刻,古代的一种计时器。

⑤立表:古代计时方法之一,在阳光下竖立木桩,观察日影以测定时间。辕门:军营的正门,古代宿营时以车为屏,出入处以两辕相对如拱门。

⑥清道:清扫道路,驱赶行人,在古代常用于帝王出行或贵客盈门。

⑦校(jiào):比较,考核。

〔译文〕

武王问太公道:"君王亲率士卒出征,三军分别驻扎在不同地点,主将要约定会师日期,集结军队与敌交战,并号令全军官兵,约定赏罚制度,应该怎么办?"

太公答道:"大凡用兵的方法,由于三军人数众多,必然有兵力分散与集中这样军事部署上的变化。主将要首先明确作战的地点和日期,然后将战斗文书下达,与诸将明确会师日期;在开始围攻城邑之前,各路兵力各就各位,明确规定作战的日期,规定军队到达的时间。然后,主将提前到达集结地点筑好营垒,布列阵势,在营门竖立木桩以观测日影,计算时间,禁止行人通行,等待各路部队的到来。各部将帅到达时,要考核其到达的先后次序,先期到达的,给予奖励;逾期到达的,斩首示众。这样,各路部队不论远近,都会按期奔赴集结地点,三军全部到达后,便可集中力量与敌作战了。"

武锋第五十二

〔题解〕

本篇重点论述了我军通过仔细观察而掌握的，也是最有利于打击敌人的十四种战机。首先，强调了用兵作战的精锐部队，需要有大型的战车、骁勇的骑兵以及能突击的先锋部队。随后，详细论述了十四种可以利用的战机，即敌人新集、人马未食、天时不顺、地形未得、奔走、不戒、疲劳、将离士卒、涉长路、济水、不暇、阻难狭路、乱行及心怖。十四种态势变化，与《吴子·料敌篇》所载“十三可击”有相似之处。

武王问太公曰：“凡用兵之要，必有武车、骁骑、驰陈选锋[①]，见可则击之。如何则可击？”

太公曰：“夫欲击者，当审察敌人十四变。变见则击之，敌人必败。”

武王曰：“十四变可得闻乎？”

太公曰：“敌人新集，可击。人马未食，可击。天时不顺，可击。地形未得，可击。奔走，可击。不戒，可击。疲劳，可击。将离士卒，可击。涉长路，可击。济水，可击。不暇[2]，可击。阻难狭路，可击。乱行，可击。心怖，可击。”

〔注释〕

①驰陈选锋：用于冲锋陷阵的精锐士兵。驰陈，驰骋冲锋于敌阵。选锋，古代指挑选精锐的士兵组成的突击队。陈，通“阵”。

②不暇(xiá)：慌乱而没有空闲。暇，空闲。

〔译文〕

武王问太公道：“用兵的重要原则，是必须拥有大型的战车、骁勇的骑兵以及能够冲锋陷阵的突击部队，发现有利时机就发起攻击。究竟什么样的时机可以发起进攻呢？”

太公答道：“想要攻击敌人，应当详细察明敌军的十四种态势变化。态势变化一旦出现，就可以发起攻击，敌人也必定战败。”

武王问道：“可以把这十四种态势变化讲给我听听吗？”

太公答道：“敌军刚集结而阵脚未稳时，可以发起攻击。敌军的士卒、战马没有进食而饥饿时，可以发起攻击。敌军不适应气候季节时，可以发起攻击。敌军没有占据有利地形时，可以发起攻击。敌军奔走赶路时，可以发起攻击。敌军没有戒备时，可以发起攻击。敌军疲惫劳累时，可以发起攻击。敌军将帅离军而无指挥时，可以发起攻击。敌军长途跋涉后，可以发起攻击。敌军渡河时，可以发起攻击。敌军慌乱而没有空闲时，可以发起攻击。敌军通过险阻路段时，可以发起攻击。敌军行列散乱时，可以发起攻击。敌军军心惶恐畏惧时，可以发起攻击。”

练士第五十三

〔题解〕

本篇论述了选编士兵的方法。选编士兵的依据，是根据士卒身体强弱、战斗意志、技能技艺以及社会经历等不同状况，分成不同的类别，组编成各种类型的分队。士兵经过选编后组成的部队，本篇共列举了十一种，称为“冒刃之士”“陷陈之士”“勇锐之士”“勇力之士”“寇兵之士”“死斗之士”“敢死之士”“励钝之士”“必死之士”“幸用之士”和“待命之士”。上述部队的命名，与选编士兵的依据息息相关，而选编士兵最重要的目的是在战争中发挥各自的特长，以赢得战事的胜利。

武王问太公曰：“练士之道奈何[①]？”

太公曰：“军中有大勇、敢死、乐伤者，聚为一卒[②]，名曰冒刃之士[③]；有锐气、壮勇、强暴者，聚为一卒，名曰陷陈之士；有奇表长剑，接武齐列者[④]，聚为一卒，名曰勇锐之士；有拔距伸钩[⑤]，强梁多力，溃破金鼓，绝灭旌旗者，聚为一卒，名曰勇力之士；有逾高绝远，轻足善走者，聚为一卒，名曰寇兵之士[⑥]；有王臣失势，欲复见功者，聚为一卒，名曰死斗之士；有死将之人子弟，欲与其将报仇者，聚为一卒，名曰敢死之士；有赘婿人虏⑦，欲掩迹扬名者，聚为一卒，名曰励钝之士；有贫穷愤怒，欲快其心者，聚为一卒，名曰必死之士；有胥靡免罪之人⑧，欲逃其耻者，聚为一卒，名曰幸用之士⑨；有材技兼人，能负重致远者，聚为一卒，名曰待命之士。此军之服习，不可不察也。”

〔注释〕

①练士之道：选编士卒的方法。练，同“拣”，选择。

②卒：春秋时期军队的一级编制，一卒通常为一百人。

③冒刃：敢于冒敌刀刃的勇猛士兵。刃，刀锋。

④接武：前后足迹相连接，此处意为步伐稳健整齐。武，足迹。

⑤拔距：古代习武的运动，也是一种军事训练，形式类似现在的拔河，其目的是锻炼臂力。伸钩：把弯钩拉直。

⑥寇：底本作“冠”，疑误，今据《武经七书汇解》校改。“寇兵”意指像盗贼一样出没无常的部队。

⑦赘（zhuì）婿：又称“入赘”，即男子到女方家里成婚，古人认为这是一种耻辱，所以为人所蔑视。

⑧胥（xū）靡（mí）：古代服劳役的奴隶或刑徒。

⑨幸用之士：侥幸得到任用的士兵。

〔译文〕

武王问太公道：“选编士卒的方法是怎样的？”

太公答道：“把军队中勇气过人、敢于牺牲、以负伤为荣的士兵，编为一队，称为冒刃之士；把锐意进取、强壮勇猛、强横凶暴的士兵，编为一队，称为陷阵之士；把外表奇异、善用长剑、步伐稳健整齐的士兵，编为一队，称为勇锐之士；把能拉直铁钩、强悍力大无比、能冲入敌阵捣毁金鼓、毁坏敌军旗帜的士兵，编为一队，称为勇力之士；把能翻越高山或行走远路、身姿轻盈或善于行走的士兵，编为一队，称为寇兵之士；把曾经是贵族大臣而失去势力，却想重建功勋的人，编为一队，称为死斗之士；把阵亡将领的后代，且急于为将领报仇的人，编为一队，称为敢死之士；把入赘和被俘，且要求扬名遮丑的人，编为一队，称为励钝之士；把因贫穷而不满，想要实现志向而满足心愿的人，编为一队，称为必死之士；把被释放并想要脱离自身耻辱的刑徒，编为一队，称为幸用之士；把才技超人，能任重致远的人，编为一队，称为待命之士。这就是军中选编士卒的方法，不能不了解清楚啊。”

教战第五十四

〔题解〕

本篇论述了军队训练士卒以便其掌握战斗技能的内容和方法。士卒战斗技能训练的内容,包括明确告知士卒操练方法,随后进行兵器使用、战斗动作以及旌旗信号的具体训练,如此,才能够保证行动一致。训练中,应注重循序渐进、由点到面,从一人的受训,到十人、百人、千人、万人、三军之众以致百万大军,训练逐步推广后,便能造就强大的军队,立威于天下。

武王问太公曰:"合三军之众,欲令士卒练士教战之道奈何?"

太公曰:"凡领三军,有金鼓之节,所以整齐士众者也。将必先明告吏士,申之以三令①,以教操兵起居②、旌旗指麾之变法③。故教吏士,使一人学战,教成,合之十人;十人学战,教成,合之百人;百人学战,教成,合之千人;千人学战,教成,合之万人;万人学战,教成,合之三军之众;大战之法,教成,合之百万之众。故能成其大兵,立威于天下。"

武王曰："善哉！"

〔注释〕

①申之以三令：反复申明法令。"三"在古汉语中，通常为复指，可以理解为多、多次，我们现在所说的"三令五申"中的"三"和"五"也是复指。

②操兵起居：操持兵器，练习各种战斗动作。操兵，使用兵器。起居，指坐、站、进、退等行为动作，此处指战斗动作。

③麾(huī)：同"挥"，指挥。

〔译文〕

武王问太公道："集合全军部队，要使士卒掌握战斗技能，训练方法应该是怎样的？"

太公答道："凡是统率三军，应该用金鼓来指挥，这是为了使全军的行动整齐划一。关于训练方法，将帅必须明确告知士卒，并反复申明法令，然后再训练操持兵器，练习各种战斗动作，以及掌握根据旗帜变化而行动的方法。所以，训练士卒，要先让一人学会，训练完毕，再十人合练；十人学习战法，训练完毕，再百人合练；百人学习战法，训练完毕，再千人合练；千人学习战法，训练完毕，再万人合练；万人学习战法，训练完毕，再组织全军共同合练；然后再进行大军作战之法的训练，训练完毕，再进行百万大军的合练。这样，就能组成强大的军队，便能扬威于天下。"

武王道："好啊！"

均兵第五十五

〔题解〕

本篇论述了车兵、骑兵和步兵的作战能力，以及在作战中布阵的原则和方法。首先，陈述了车兵、骑兵和步兵的不同特点及各自的作用，如战车好似羽翼，骑兵可用于侦察等。随后，分别论述了平坦地形和险隘地形两种情况下，步兵、骑兵和车兵作战配备方面大致的数量比关系。最后论述了车兵和骑兵在将官上的编制设置，也从平坦地形和险隘地形两方面，阐述战斗队形的布设之法。

武王问太公曰："以车与步卒战，一车当几步卒？几步卒当一车？以骑与步卒战，一骑当几步卒？几步卒当一骑？以车与骑战，一车当几骑？几骑当一车？"

太公曰："车者，军之羽翼也，所以陷坚陈，要强敌①，遮走北也。骑者，军之伺候也②，所以踵败军③，绝粮道，击便寇也④。故车骑不敌战，则一骑不能当步卒一人。三军之众成陈而相当，则易战之法：一车当步卒八十人，八十人当一车；一骑当步卒八人，八人当一骑；

一车当十骑,十骑当一车。险战之法:一车当步卒四十人,四十人当一车;一骑当步卒四人,四人当一骑;一车当六骑,六骑当一车。夫车骑者,军之武兵也。十乘败千人,百乘败万人;十骑败百人,百骑走千人⑤,此其大数也。”

武王曰:“车骑之吏数、陈法奈何?”

太公曰:“置车之吏数:五车一长,十车一吏,五十车一率⑥,百车一将。易战之法:五车为列,相去四十步,左右十步,队间六十步。险战之法:车必循道,十车为聚⑦,二十车为屯⑧,前后相去二十步,左右六步,队间三十六步。五车一长,纵横相去二里,各返故道。置骑之吏数:五骑一长,十骑一吏,百骑一率,二百骑一将。易战之法:五骑为列,前后相去二十步,左右四步,队间五十步。险战者:前后相去十步,左右二步,队间二十五步。三十骑为一屯,六十骑为一辈⑨。十骑一吏⑩,纵横相去百步,周环各复故处⑪。”

武王曰:“善哉!”

〔注释〕

①要(yāo)强敌:半路拦截强大敌军使其力竭。

②军之伺候:意思是骑兵窥探敌人,如同侦察部队一样。伺候,侦察部队。

③踵(zhǒng):跟踪,追击。

④便寇:游走的敌军。

⑤走:使动用法,使……逃跑,本句中意思是使敌人溃败。

⑥率:与前后文的"长""吏""将"均为将领官位名称。

⑦聚:车兵的一种战斗编组单位。

⑧屯:车兵、骑兵的一种战斗编组单位。

⑨辈:骑兵的一种战斗编组单位。

⑩十骑一吏:此四字与前后文没有任何关联,应为衍文,即误增的文字,所以在译文中也随之删去。

⑪周环:同"周旋",追逐交战之意。

〔译文〕

武王问太公道:"用战车同步兵作战,一辆战车能抵挡几名步兵?几名步兵能抵挡一辆战车?用骑兵同步兵作战,一名骑兵能抵挡几名步兵?几名步兵能抵挡一名骑兵?用战车同骑兵作战,一辆战车能抵挡几名骑兵?几名骑兵能抵挡一辆战车?"

太公答道:"战车,好似部队的两翼,能够攻陷敌军的坚固阵地,截击强敌,使敌人溃逃。骑兵窥探敌人,如同侦察部队一样,用来跟踪追击逃敌,切断敌军粮道,消灭游走的敌军。因此,战车和骑兵的运用如果不能发挥作用,在战斗中一名骑兵还抵不上一名步兵。全军布列成阵,在平坦地形上的作战法则是:一辆战车可以抵挡步兵八十人,八十名步兵可以抵挡一辆战车;一名骑兵可以抵挡步兵八人,八名步兵可以抵挡一名骑兵;一辆战车可以抵挡骑兵十人,十名骑兵可以抵挡一辆战车。在险阻地形上的作战法则是:一辆战车可以抵挡步兵四十人,四十名步兵可以抵挡一辆战车;一名骑兵可以抵挡步兵四人,四名步兵可以抵挡骑兵一人;一辆战车可以抵挡骑兵六人,六名骑兵可以抵挡战车一辆。战车和骑兵，是军队中最勇猛的力量，十辆战车可以击败敌军千名，百辆战车可以击败敌军万名；十名骑兵可以击败敌军百名，百名骑兵可以击败敌军千名，这些是大概的数量比关系。”

武王问道：“战车和骑兵的军官数量配置和布阵之法应该怎样？”

太公答道：“战车应配备的军官数量为：五辆战车设一长，十辆战车设一吏，五十辆战车设一率，百辆战车设一将。在平坦地形上的布阵之法为：五辆战车为一列，每列前后相距四十步，每辆左右间隔为十步，队间前后距离和左右间隔各六十步。在险阻地形上的布阵之法为：战车必须沿着道路前进，十辆战车为一聚，二十辆战车为一屯，车与车前后距离二十步，左右间隔六步，队间的前后距离和左右间隔各三十六步。五辆战车设一长，活动范围前后左右各二里，交战之后各自按照原路返回。骑兵应配备的军官数量为：五名骑兵设一长，十名骑兵设一吏，一百名骑兵设一率，二百名骑兵设一将。在平坦地形上的布阵之法为：五骑为一列，每列前后相距二十步，每骑左右间隔四步，队与队之间的前后距离和左右间隔为五十步。在险阻地形上的布阵之法为：每列前后相距十步，左右间隔二步，队间前后距离和左右间隔各二十五步。三十名骑兵为一屯，六十名骑兵为一辈，活动范围前后左右各百步，交战之后各自按照原路返回。”

武王道：“好啊！”

武车士第五十六

〔题解〕

本篇论述了选拔车兵的标准。首先强调自然条件,需要年龄四十岁以下,身材较高。其次需要有优良的技术素养,如跳上急速飞驰的车或马,驾车技术娴熟,也强调士兵要拥有握紧军旗、拉弓射箭等的力气,此外还强调箭法娴熟。

武王问太公曰:"选车士奈何?"

太公曰:"选车士之法,取年四十已下,长七尺五寸已上①,走能逐奔马,及驰而乘之②,前后、左右、上下周旋;能缚束旌旗,力能彀八石弩③,射前后左右皆便习者,名曰武车之士,不可不厚也。"

〔注释〕

①长七尺五寸:身高在七尺五寸以上。周代一尺约合今23.1厘米,按此折算,车兵身高需要在1.73米以上。

②及驰而乘之:战车急速奔驰时,车兵能跃上战马或战车。

③力能彀(gòu)八石(dàn)弩:力气大到能够拉满张力为八石的弓

弩。彀，张满弓弩。石，古代计量单位，一石为一百二十斤，八石弩，即张力为九百六十斤的强弩。

〔译文〕

武王问太公道："选拔车兵的标准是怎样的？"

太公答道："选拔车兵的标准是，取年龄在四十岁以下，身高七尺五寸以上，跑起来能追上飞奔的马，能跳上飞驰的战车，能在战车上前后、左右、上下自由应战；能握紧军旗，力气大到能够拉满张力为八石的弓弩，并可以熟练地用箭射向前后左右，这种士兵可称为武车士，对他们不可不重视。"

武骑士第五十七

〔题解〕

本篇论述了选拔骑兵的标准。首先强调自然条件，需要年龄四十岁以下，身材较高。其次需要拥有优良技术素养，包括骑术精湛以及箭术高超等。

武王问太公曰："选骑士奈何？"

太公曰："选骑士之法，取年四十已下，长七尺五寸已上，壮健捷疾，超绝伦等①；能驰骑彀射②，前后左右，周旋进退；越沟堑，登丘陵，冒险阻，绝大泽③；驰强敌，乱大众者，名曰武骑之士，不可不厚也。"

〔注释〕

①超绝伦等：身怀特殊才能，本领远远超过常人。

②彀（gòu）：张弓。

③绝：横渡。泽：聚水的洼地或河流。

〔译文〕

武王问太公道："选拔骑兵的标准是怎样的？"

太公答道："选拔骑兵的标准是，选取年龄在四十岁以下，身高在七尺五寸以上；身强力壮，行动敏捷，身怀特殊才能，本领远远超过常人；能骑马疾驰并张弓射箭，前后左右，应战进退自如；能骑马飞越沟堑，登上丘陵，冲过险阻，横渡大河；追逐强敌，扰乱敌军主力的士兵，这种士兵可称为武骑士，对他们不可不重视。"

战车第五十八

〔题解〕

本篇论述了车兵作战的十种易亡之地，以及八种易胜之地。首先区分了车兵、骑兵、步兵三种部队的作战特点，即步兵作战贵在灵活应变，战车作战贵在知晓地形，骑兵作战贵在熟悉别道捷径。随后，具体论述了车战的"十死之地"，即死地、竭地、困地、绝地、劳地、逆地、拂地、败地、坏地和陷地，并进而提出拙将与明将的区别在于懂得避开"十死之地"。最后，从敌方行阵、敌军士气及作战时机等方面，具体论述了车战的"八胜之地"。

武王问太公曰："战车，奈何？"

太公曰："步贵知变动，车贵知地形，骑贵知别径奇道，三军同名而异用也。凡车之死地有十，其胜地有八。"

武王曰："十死之地，奈何？"

太公曰："往而无以还者，车之死地也；越绝险阻，乘敌远行者，车之竭地也；前易后险者，车之困地也；陷之险阻而难出者，车之绝地也；圮下渐泽①、黑土黏埴者[2]，车之劳地也；左险右易，上陵仰阪者[3]，车之逆地也；殷草横亩[4]，犯历深泽者，车之拂地也[5]；车少地易，与步不敌者，车之败地也；后有沟渎，左有深水，右有峻阪者，车之坏地也；日夜霖雨，旬日不止，道路溃陷，前不能进，后不能解者，车之陷地也。此十者，车之死地也。故拙将之所以见擒，明将之所以能避也。”

武王曰：“八胜之地，奈何？”

太公曰：“敌之前后，行陈未定，即陷之；旌旗扰乱，人马数动，即陷之；士卒或前或后，或左或右，即陷之；陈不坚固，士卒前后相顾，即陷之；前往而疑，后恐而怯，即陷之；三军卒惊，皆薄而起，即陷之；战于易地，暮不能解，即陷之；远行而暮舍，三军恐惧，即陷之。此八者，车之胜地也。将明于十害八胜，敌虽围周，千乘万骑，前驱旁驰，万战必胜。”

武王曰：“善哉！”

〔注释〕

①圮（pǐ）下渐泽：毁塌积水的地带。圮，毁坏，断绝。渐，浸水。

②黏（nián）埴（zhí）：泥泞的黏土。

③上陵仰阪（bǎn）：登山爬坡。陵，土山。阪，山坡。

④殷草横亩：野草遍地。殷，茂盛。亩，田亩，此处指土地。

⑤拂（fú）：违背，不顺。

〔译文〕

武王问太公道：“战车的作战方法是怎样的？”

太公答道："步兵作战贵在灵活应变，战车作战贵在知晓地形，骑兵作战贵在熟悉别道捷径。车兵、步兵与骑兵同为作战部队，但作用有所不同。战车作战有十种易亡之地，也有八种易胜之地。"

武王问道："十种易亡之地是哪些？"

太公答道："可以前进而不能退回的，就是战车的死地；越过险阻、长途追击敌军的，就是战车的竭地；前面道路平坦，后面道路险阻的，就是战车的困地；陷于险阻而难以走脱的，就是战车的绝地；毁塌积水、泥泞不堪的，就是战车的劳地；左面险阻、右面平坦，还需登山爬坡的，就是战车的逆地；野草遍地，还要渡过深水的，就是战车的拂地；战车数量少，地形平坦，战车与步兵又不易配合的，就是战车的败地；后面有沟渠，左面有深水，右面有高坡的，就是战车的坏地；日夜大雨，连日不停，道路毁坏，前不能进，后不能退的，就是战车的陷地。这十种地形都是战车的死地。笨拙的将领由于不懂得这些而失败被擒，明智的将领由于懂得这些所以能避开死地而取得胜利。"

武王问道："八种易胜之地是哪些？"

太公答道："敌军前后不整，行阵还没稳定，就用战车乘机攻破它；敌军战旗混乱，人马不断调动，就用战车乘机攻破它；敌人士卒有的向前，有的退后，有的往左，有的往右，就用战车乘机攻破它；敌人阵势不稳固，士兵前顾后盼，就用战车乘机攻破它；敌人前进时迟疑，后退时胆怯，就用战车乘机攻破它；敌人全军突然受到惊吓，散乱拥挤，就用战车乘机攻破它；敌人在平坦地形上与我军交战，至日暮之时还未结束，就用战车乘机攻破它；敌人长途行军，夜晚宿营，三军惶恐不安，就用战车乘机攻破它。

这八种情况都是战车的易胜之地。将帅懂得战车作战的十种死地和八种胜地，即使敌人把我四面包围，千辆战车，万名骑兵，正面进攻侧面夹攻，我军也可逢战必胜。”

武王道：“好啊！”

战骑第五十九

〔**题解**〕

本篇论述了骑兵作战的十种易胜战机和九种易亡战机。首先,详细讲述了十种易胜战机,主要涉及敌军行阵、官兵士气与进攻时间等方面,强调抓住战机,使用骑兵攻击并取胜。需要注意的是,篇中所阐述的易胜战机并不足十种,所以怀疑或为文献流传过程中有脱简,或是“十”字存在讹误。随后,详细讲述了九种骑兵易亡的地形,被称为败地、围地、死地、没地、竭地、艰地、困地、患地和陷地。最后指出,是否懂得躲避死地,是将领明智与昏庸的区别所在。

武王问太公曰:“战骑,奈何?”

太公曰:“骑有十胜九败。”

武王曰:“十胜,奈何?”

太公曰:“敌人始至,行陈未定,前后不属[①],陷其前骑,击其左右,敌人必走。敌人行陈整齐坚固,士卒欲斗,吾骑翼而勿去,或驰而往,或驰而来,其疾如风,其暴如雷,白昼而昏,数更旌旗,变易衣服,其军可克。敌人行陈不固，士卒不斗，薄其前后，猎其左右[2]，翼而击之，敌人必惧。敌人暮欲归舍，三军恐骇，翼其两旁，疾击其后，薄其垒口，无使得入，敌人必败。敌人无险阻保固，深入长驱，绝其粮路，敌人必饥。地平而易，四面见敌，车骑陷之，敌人必乱。敌人奔走，士卒散乱，或翼其两旁，或掩其前后，其将可擒。敌人暮返，其兵甚众，其行陈必乱；令我骑十而为队[3]，百而为屯，车五而为聚，十而为群，多设旌旗，杂以强弩；或击其两旁，或绝其前后，敌将可虏。此骑之十胜也。”

武王曰："九败，奈何？"

太公曰："凡以骑陷敌而不能破陈，敌人佯走，以车骑返击我后，此骑之败地也。追北逾险，长驱不止，敌人伏我两旁，又绝我后，此骑之围地也。往而无以返，入而无以出，是谓陷于天井，顿于地穴，此骑之死地也。所从入者隘，所从出者远，彼弱可以击我强，彼寡可以击我众，此骑之没地也。大涧深谷，翳秽林木[4]，此骑之竭地也。左右有水，前有大阜，后有高山，三军战于两水之间，敌居表里[5]，此骑之艰地也。敌人绝我粮道，往而无以返，此骑之困地也。污下沮泽[6]，进退渐洳[7]，此骑之患地也。左有深沟，右有坑阜，高下如平地，进退诱敌，此骑之陷地也。此九者，骑之死地也。明将之所以远避，暗将之所以陷败也[8]。”

〔注释〕

①属(zhǔ):连接。

②猎:打猎,此处指袭击。

③队:与下文的“屯”“聚”“群”均为骑兵部队组成的战斗编组。

④翳(yì)秽(huì):草木茂盛的样子。

⑤敌居表里:敌军占据山险、水要等有利地形。

⑥污(wū)下沮(jù)泽:低洼潮湿、水草繁多的沼泽地。沮泽,水草所聚的地方,即沼泽地。

⑦渐洳(rù):低湿、泥泞的地方。

⑧暗将:昏庸的将帅。

〔译文〕

武王问太公道:“骑兵的战法应该是怎样的?”

太公答道:“骑兵作战有十胜九败。”

武王问道:“十胜是哪些?”

太公答道:“敌人刚刚到达,行列阵势还未稳固,前后不相连接,我军骑兵围攻其前部,夹击其两翼,敌人必然溃逃。敌人行列阵势整齐坚固,士兵斗志昂扬,我军骑兵夹击敌人两翼,时而奔驰前往,时而奔驰返回,急速如风,猛烈如雷,从白天战斗到黄昏,多次更换军旗,改变军装,就能够打败敌人。敌人行阵不坚固,士卒缺乏斗志,就用骑兵进逼敌人前后大军,袭击其左右,夹击其两翼,敌人必定感到恐惧。敌人日暮返回营垒,全军恐惧,就用骑兵夹击其两翼,迅速袭击其后方,逼近其营垒的出入口,阻止敌军进入营垒,敌人必定战败。敌人没有险阻地形可以固守,我军骑兵应长驱深入,切断敌人粮道,敌人必然陷入饥饿而战败。敌人处于平坦地形，四面都遭受攻击，以我军骑兵和车兵进行攻击，敌人必然溃乱。敌人战败溃逃，士卒散乱不堪，我军骑兵有的从两翼夹击，有的从前后冲杀，敌军将帅就会被擒获。敌人日暮返回营垒，士兵人数众多，队列一定混乱，就令我骑兵十人编为一队，百人编为一屯，战车五辆编为一聚，十辆编为一群，大量设置旗帜，穿插着配备强弩，有的夹击其两翼，有的截断敌军前后部队，敌人将帅就会被擒获。上述这些，就是骑兵作战取胜的十种情况。”

武王问道：“九败是哪些？”

太公答道：“大凡以骑兵攻击敌军，却无法攻破敌阵，敌人假装遁逃，随后以车兵和骑兵攻打我军后方，这就是骑兵的败地。追击败敌，越过险阻，长驱深入不停止，敌人埋伏在我军两旁，又阻断撤退的后路，这就是骑兵的围地。大军前进作战而不返回，深入敌阵而无法撤出，所谓陷入天井之内，困于地穴之中，这就是骑兵的死地。前进的道路狭隘，退回的道路长远，敌人能够以弱击强，以少击多，这就是骑兵的没地。宽大的溪流、深深的峡谷，林木茂盛，这就是骑兵的竭地。左右有水，前有丘陵，后有高山，我军在两水之间作战，敌军占据山险、水要等有利地形，这就是骑兵的艰地。敌人阻断我军粮道，我军有去无返，这就是骑兵的困地。低洼潮湿、水草繁多的沼泽地，进退艰难，这就是骑兵的患地。左有深沟，右有大坑，从高处看和平地一样，但前后都易遭到敌人袭击，这就是骑兵的陷地。上述这些，就是骑兵作战失败的九种情况。明智的将领懂得避开，昏庸的将领不知回避所以失败被擒。”

战步第六十

〔题解〕

本篇论述了步兵在不同作战环境中，与车兵、骑兵作战时应采取的不同作战方法。首先论述了占据险要地形时，步兵同车兵、骑兵作战，需要凭依地形，并以配备长兵器和强弓弩的士兵在前，配备短兵器及弱弓弩的士兵在后，轮番战斗。接着论述了在无险要的情况下，应构筑防御工事，集中管理牛马，布置四武冲阵，设置障碍物，深挖壕沟，合理利用战车，在此基础上，以迅猛而高昂的姿态投入战斗，获取胜利。

武王问太公曰："步兵与车骑战，奈何？"

太公曰："步兵与车骑战者，必依丘陵险阻，长兵强弩居前，短兵弱弩居后，更发更止[①]。敌之车骑，虽众而至，坚阵疾战，材士强弩，以备我后。"

武王曰："吾无丘陵，又无险阻，敌人之至，既众且武，车骑翼我两旁，猎我前后。吾三军恐怖，乱败而走，为之奈何？"

太公曰："令我士卒为行马、木蒺藜[②]，置牛马队伍，为四武冲陈。望敌车骑将来，均置蒺藜；掘地匝后③，广深五尺，名曰命笼。人操行马进步，阑车以为垒④，推而前后，立而为屯⑤；材士强弩，备我左右。然后令我三军，皆疾战而不解⑥。”

武王曰：“善哉！”

〔注释〕

①更(gēng)发更止：轮番发射与停止。更，交替。

②蒺(jí)藜(lí)：军事上的防御工事。蒺藜，一种形如蒺藜、带有尖刺的障碍物。上句的“行马”即拒马，是用以堵塞道路的障碍器材，也属军事防御工事。

③掘地匝后：指在四周挖出壕沟。匝，围绕。

④阑：阻拦。

⑤屯：营寨。

⑥解(xiè)：同“懈”，松弛懈怠。

〔译文〕

武王问太公道：“步兵与车兵、骑兵作战，该怎么办呢？”

太公答道：“步兵与车兵、骑兵作战，必须依托丘陵以及其他险要地形，把长兵器和强弓弩配置在前部，把短兵器和弱弓弩配置在后部，轮番作战发射，轮番停止休息。敌军车兵和骑兵，即使人数众多，蜂拥而至，我军也能坚守阵地，快速投入战斗，并让作战本领高强的士兵手持强弩戒备我军后部。”

武王问道：“我军既没有丘陵又没有其他险阻可以依托，敌军到达，兵力众多且强大威武，战车和骑兵夹击我军两翼，攻击我军前后，致使我全军恐惧，溃败逃散，这种情况下应该怎么办？”

太公答道：“命令我军士卒制作行马和木蒺藜等防御工事，把牛马集中编成一队集中管理，布下四武冲阵。望见敌军车兵和骑兵即将到达，均匀地布设蒺藜；在四周挖出壕沟，宽和深各五尺，可称为命笼。步兵持行马向前推进，将车辆连接成阻拦敌军的壁垒，可以推着它前后移动，停止下来便成为坚固的营垒；让作战本领高强的士兵手持强弩防备左右来兵，这样做了以后，命令全军迅猛战斗，不得松弛懈怠。”

武王道：“好啊！”